Jan Badewien · Anthroposophie

JAN BADEWIEN

ANTHROPO-SOPHIE

Eine kritische Darstellung

Mit einem Vorwort von
Kirchenrat Klaus-Martin Bender

Friedrich Bahn Verlag Konstanz

CIP-Kurztitelaufnahme der Deutschen Bibliothek
Badewien, Jan:
Anthroposophie : e. krit. Darst. / Jan Badewien,
Mit e. Vorw. von Klaus-Martin Bender. – 1. Aufl. –
Konstanz : Bahn, 1985.
ISBN 3-7621-6421-5

1. Auflage 1985
© by Friedrich Bahn Verlag GmbH, Konstanz 1985
Satz: Fotosatz-Service Weihrauch, Würzburg
Druck: Jacob-Druck, Konstanz
Bindearbeiten: CVA-Buchbinderei, Konstanz
Printed in Germany
ISBN 3-7621-6421-5

Einen anderen Grund kann niemand legen
außer dem, der gelegt ist, Jesus Christus.

Paulus

Man kann für Christi Gegenbild
Am besten Menschenherzen fangen,
Wenn Christi Namen man dem Bilde gibt.

Rudolf Steiner

Inhalt

Vorwort von Kirchenrat
Klaus-Martin Bender   11
Einleitung des Verfassers   12

I.   Rudolf Steiners Lebensgang   16
      1. Kindheit und Jugend   16
      2. Weimar und Berlin   20
      3. Der Theosoph   23
      4. Der Anthroposoph   28

II.   Was ist Anthroposophie?   32

III. Die Entwicklung des Kosmos und der
      Menschheit   36
      1. Der Entwicklungsgedanke als Kernstück
         der Anthroposophie   36
      2. Entwicklung – ein Prozeß ohne Anfang
         und Ende   38
      3. Die Entwicklung des Menschen . . .   40

IV.   Das Menschenbild der Anthroposophie . .   50
      1. Die vier Wesensglieder des Menschen . .   50
      2. Vorstellung und Wille   53
      3. Schlafen und Wachen   56
      4. Tod, Reinkarnation und Karma . . .   58
      5. Das Ziel: die Höherentwicklung des
         Menschen   63
      6. Das Gehirn und der Ameisenhaufen . .   65

7. Das Menschenbild Steiners: Philosophie der
   Unfreiheit. Eine Beurteilung   66

V.   Wer ist Gott? 71
    1. Der Kosmos und die Götter 71
    2. Die Elohim und Jahve: Wesenheiten der
    Sonne und des Mondes 73

VI.   Die alte Bibel und die neue Offenbarung . . 79
    1. Das „Fünfte Evangelium" 79
    2. Die begrenzte Bedeutung der Bibel . . 82
    3. Die Auslegung der Bibel. 84
    4. Beurteilung 91

VII. Jesus und Christus 93
    1. Das Wesen und die Hülle 93
    2. Die zwei Jesusknaben 94
    2.1. Der salomonische Jesusknabe . . . 95
    2.2. Der nathanische Jesusknabe 98
    2.3. Die Kindheit der beiden Jesusknaben . 103
    3. Jesus vor der Johannestaufe 105
    4. Die Inkarnation der Christus-Wesenheit in
    Jesus von Nazareth 108
    5. Kreuzestod und Auferstehung. . . . 111

VIII. Das Mysterium von Golgatha. 114
    1. Das Mysterium von Golgatha als notwendi-
    ges kosmisches Ereignis 114
    2. Die Wende zwischen Abstieg und
    Aufstieg 115
    3. Die Vorbereitung des Mysteriums von
    Golgatha 120

    4. Fehlendes Verständnis für das Mysterium
       von Golgatha im Lauf der Kirchen-
       geschichte 124
    5. Der Anbruch eines neuen Zeitalters . . . 130
    6. Beurteilung 133

IX.   Waldorfpädagogik als „Frucht" der
     Anthroposophie 135
    1. Die „Früchte" und die Wurzel 135
    2. Anthroposophische Pädagogik:
       Die „Freie Waldorfschule" 136
    3. Die „Freie Waldorfschule" – eine anthro-
       posophische Weltanschauungsschule . . 139
    4. Das anthroposophische Menschenbild als
       Grundlage der Waldorfpädagogik . . . 143
    5. Anthroposophie als Lehrstoff? 145
    6. Der Religionsunterricht 152
    7. Pädagogik und Gesundheit 154
    8. Die Waldorfschule als Kulturstätte . . . 156
    9. Fazit 159

X.   Die Christengemeinschaft 162
    1. Die Entstehung der Christengemeinschaft . 162
    2. Der Glaube der Christengemeinschaft . . 167
    3. Die Bedeutung der Sakramente 171
    4. Bibel und Bekenntnis 174

XI.   Die Verehrung des Meisters:
     Personenkult um Rudolf Steiner 178

XII. Anthroposophie – Wissenschaft oder
     Weltanschauung? 191

1. Der Anspruch 191
2. Anthroposophie und Naturwissenschaft . . 191
3. Der Wahrheitsanspruch 194
4. Die Quellen der Erkenntnis 198
5. Der Weg der Erkenntnis 201
5.1. Bedingungen 201
5.2. Die Vorbereitung 203
5.3. Die Erleuchtung 205
5.4. Die Einweihung 205
5.5. Beurteilung des Erkenntnisweges . . . 207
6. Steiners Kriterien zur Beurteilung
    übersinnlicher Erkenntnisse 210
7. Die Diffamierung von Kritik und Kritikern . 214
8. Zusammenfassung 219

XIII. Schlußbetrachtung 222
1. Anthroposophie – eine bürgerliche
    Protestbewegung 222
2. Das Verhältnis von Anthroposophie und
    christlichem Glauben: 10 Thesen 225

Literaturverzeichnis 229

Vorwort

Längst ist die Anthroposophie Rudolf Steiners aus der Exklusivität gebildeter Elite-Zirkel in die breite Öffentlichkeit ausgewandert. Anthroposophie ist praktisch erfahrbar geworden.

Waldorfschulen und -kindergärten,
anthroposophische Kliniken und Pharmazeutika,
Reform- und Bio-Läden mit Erzeugnissen aus biologisch-dynamischer Landwirtschaft erfreuen sich steigender Beliebtheit und Nachfrage.

Was aber steckt hinter der Anthroposophie, was sind ihre Grundlagen? Wo ist sie religiös, weltanschaulich und wissenschaftlich einzuordnen?

Solche und ähnliche Fragen beschäftigen wache Zeitgenossen und Gemeindeglieder, ob sie nun von der Anthroposophie fasziniert sind oder nicht.

Vorliegendes Buch möchte informieren, aufklären und orientieren. Der Verfasser Dr. Jan Badewien ist Gemeindepfarrer und kennt die Anthroposophie aus der Begegnung in der Gemeindearbeit.

So ist es nicht zufällig, sondern Absicht: Dieses Buch will vor allem Gemeindegliedern, aber auch allen Fragenden zu einer klaren Antwort verhelfen.

Klaus-Martin Bender

Einleitung

Die Ausführungen dieses Buches gehen gegen den derzeitigen Trend. Anthroposophie ist begehrt. Zumindest in der Art, in der sie uns begegnet. Sie begegnet uns nämlich nicht primär als Weltanschauung, als Lehrgebäude Rudolf Steiners. Sie begegnet uns nicht primär in Büchern oder Vorträgen, sondern sie begegnet uns in ihren praktischen Formen, die in unserer Gesellschaft einen guten Ruf genießen. Sie begegnet uns als Freie Waldorfschule, als Heimsonderschule, als biologisch-dynamischer Landbau („Demeter") oder als anthroposophisch orientierte Medizin („Weleda").

Überall da sieht es so aus, als hätte Rudolf Steiner in seiner „Geisteswissenschaft" schon vor 60, 80 Jahren vorweggenommen, was heute in der „alternativen", in der ökologischen Strömung Ausdruck erhält: die Abkehr von der Alleinherrschaft der nüchternen Sachlichkeit der Moderne mit ihrer Technik, ihrem Beton, ihrer Anonymität. Die Abkehr vom „Verkopften", von der Überbewertung des Intellekts. Die Abwendung vom Künstlichen, vom chemischen Eingriff in die Natur – sei es beim Menschen, sei es bei der Umwelt.

All das sieht man heute in den verschiedenen Einrichtungen der Anthroposophie vorgeformt: die Betonung der Ganzheit von Natur und Mensch, die Beachtung und Förderung des sozialen Verhaltens von Kindern und Erwachsenen, der erhaltende, schonende Umgang mit der Natur, die individuelle Pädagogik ohne Leistungszwang und ohne Karrierestreben von der Grundschule an.

So ist es verständlich, daß die anthroposophischen Institutionen seit der Entstehung eines neuen Umweltbewußtseins, seit der Erfahrung von den „Grenzen des Wachstums" einen gewaltigen Aufschwung erlebt haben. Sie werden zu einem Sammelbecken für „Alternative" der verschiedensten Richtungen – ohne es eigentlich sein zu wollen. Denn die Waldorfpädagogik ist nicht eine beliebige pädagogische Variante zum Bildungszentrum, biologisch-dynamischer Landbau will nicht mit anderen biologischen Landbaumethoden verwechselt werden, anthroposophische Medizin nicht mit irgendeiner Homöopathie.

Denn alle anthroposophischen Einrichtungen entspringen einer gemeinsamen geistigen Wurzel, ohne die sie nicht denkbar sind und aus der sie ganz bewußt ihre Kraft schöpfen und ihre Methoden formen: Es ist jene „Geisteswissenschaft" Rudolf Steiners, jene „Anthroposophie", mit ihren Erkenntnissen, die Steiner – und nur er – durch seine „Forschungen" im geistigen, im übersinnlichen Bereich gewonnen hat.

Diese Erkenntnisse hat er in Büchern, vor allem aber in Vorträgen verbreitet. Bücher und Vortragsnachschriften sind zugänglich, aber dennoch einer breiteren Öffentlichkeit nicht bekannt. Die Anthroposophen selbst führen in öffentlichen Vorträgen und in Elternseminaren nur in die Anfangsgründe der Anthroposophie hinein, so daß erahnt werden kann, daß eine einheitliche Weltsicht hinter allem steht, die – so wird immer wieder betont – wissenschaftlich erforscht und daher zuverlässig sei.

Konkrete Informationen über zentrale Aussagen der Anthroposophie – über die Entwicklung von Kosmos und Menschheit, über Gott und Christus usw. – werden aber in der Öffentlichkeit vermieden, sie bleiben einem inneren

Kern vorbehalten. Und wer auf eigene Faust versucht, Steinersche Bücher oder Vortragszyklen zu lesen, der ermüdet schnell bei der Weitschweifigkeit der Darstellung und der Verschlungenheit des Stils.

Mit Fragen nach diesen zentralen Punkten der Anthroposophie, über die mal dies, mal das bekannt wird, kommen Gemeindeglieder, Eltern von Waldorfschülern usw. zum Pfarrer und fragen nach der Verträglichkeit mit dem christlichen Glauben, wie er ihnen in der evangelischen oder in der katholischen Kirche begegnet. Diese Fragen haben mich veranlaßt, mich in die Schriften Steiners einzuarbeiten und aus diesen Schriften, die die höchste Autorität für die Anthroposophen darstellen, Kernpunkte darzustellen – und sie zu befragen aus der Sicht eines evangelischen Pfarrers.

Da Steiners Schriften von anthroposophischen Autoren nicht kritisiert, sondern nur interpretiert werden, habe ich auf die Einbeziehung dieser Literatur weitgehend verzichtet – ebenso wie auf eine Einarbeitung der kritischen kirchlichen Literatur zur Anthroposophie (vgl. das Literaturverzeichnis).

Ziel der Darstellung ist es, die Wurzeln der Anthroposophie zu befragen. Es soll damit weder über die Lebensweise der Anthroposophen geurteilt werden noch über die pädagogischen, medizinischen oder agrarischen Qualitäten ihrer Einrichtungen. Auch bedeutet die kritische Anfrage an die Weltanschauung „Anthroposophie" nicht, daß das Engagement für den Menschen und für die Umwelt in Zweifel gezogen wird. Allerdings ist Engagement an sich noch nicht gut, sondern das Ergebnis dieses Engagements, das Weitertragen der Weltanschauung „Anthroposophie" darf nicht aus dem Blickfeld der Engagierten geraten.

Reflektierende Orientierung tut not, wenn ein Engagierter nicht manipuliert werden möchte.

Es mag befremden, daß eine Richtung, die in erster Linie in ihren praktischen Auswirkungen zur Kenntnis genommen wird, mit solchem theoretischen Aufwand dargestellt und kritisiert wird. Steiner selbst hat aber eine ausgedehnte theoretische Literatur hinterlassen, in deren Sinne die Anthroposophen ihre praktischen Tätigkeiten vornehmen. Diese Theorie muß es sich gefallen lassen, dargestellt und kritisiert zu werden.

Ein letzter Punkt sei angefügt: eine theoretische Kritik darf nicht das einzige sein, was wir als Kirche der Anthroposophie entgegenzustellen haben. Wir sind aufgerufen, mit unseren Lebensformen ein positives Gegenbild aufzubauen, das zeigt: Es lohnt, sich für die Kirche, für den christlichen Glauben zu engagieren. Der Glaube kann auch heute Menschen die Orientierung und die Hilfe geben, die sie brauchen, um ihr Leben nicht zu verfehlen.

Indem wir das in unseren Gemeinden deutlich machen, können wir der Herausforderung durch die Anthroposophie sinnvoll und angemessen begegnen.

I. Rudolf Steiners Lebensgang

1. Kindheit und Jugend

Rudolf Steiner wurde am 27. (oder 25.) Februar 1861 in einem kleinen Städtchen an der österreichisch-ungarischen Grenze, in Kraljevec, geboren. Sein Vater war Eisenbahnbeamter und wurde in den folgenden Jahren mehrfach versetzt. Durch den Beruf des Vaters kam schon das kleine Kind Rudolf in engen Kontakt mit der damals modernsten Technik. Dieser frühkindlichen Begegnung mit dem industriellen Fortschritt schreibt Steiner selbst richtungweisende Impulse für sein künftiges Leben zu (Mein Lebensgang, S. 9).

Schon im Alter von 8 oder 9 Jahren hat Steiner die Vision einer zum gleichen Zeitpunkt an einem weit entfernten Ort verstorbenen Schwester seiner Mutter. Über dieses Erlebnis schweigt er eigenartigerweise in seiner Autobiographie „Mein Lebensgang", obwohl es, so sagt er es in einem Vortrag, für ihn sehr prägend gewesen sein soll. In dem Vortrag fügt er hinzu:

> „Der Knabe hatte niemanden in der Familie, zu dem er von so etwas hätte sprechen können" (zitiert nach G. Wehr, Rudolf Steiner, S. 23).

In der Folgezeit erfährt Steiner immer wieder den Einbruch der unsichtbaren Welt in die physische Welt. Es beginnt bei dem Kinde das Moment des „Zugangs zu jener Seite der Wirklichkeit, die normalerweise der äußeren Beobachtung entzogen ist" (G. Wehr, Rudolf Steiner, S. 23).

16

Über seinen Kontakt zu seiner (katholischen) Kirche und ihren Repräsentanten in der Kindheit gibt Steiner verschiedene Darstellungen. In seinem „Lebensgang" schildert er die Gespräche im elterlichen Haus, die sein freigeistiger Vater mit dem Pfarrer führte. Den Knaben beeindruckte der Pfarrer, er war für ihn „eine bedeutende Persönlichkeit":

„Wir Schulknaben hatten den Ministranten- und Chordienst zu verrichten bei Messen, Totenfeiern und Leichenbegängnissen. Das Feierliche der lateinischen Sprache und des Kultus' war ein Element, in dem meine Knabenseele gerne lebte. Ich war dadurch, daß ich an diesem Kirchendienste bis zu meinem zehnten Jahre intensiv teilnahm, oft in der Umgebung des von mir so geschätzten Pfarrers ... Mir steht vor meiner Neudörfler Knabenzeit stark dieses vor der Seele wie die Anschauung des Kultus in Verbindung mit der musikalischen Opferfeierlichkeit vor dem Geiste in stark suggestiver Art die Rätselfragen des Daseins aufsteigen läßt. Der Bibel- und Katechismus-Unterricht, den der Pfarrer erteilte, war weit weniger wirksam innerhalb meiner Seelenwelt als das, was er als Ausübender des Kultus tat in der Vermittelung zwischen der sinnlichen und der übersinnlichen Welt. Von Anfang an war mir das alles nicht eine bloße Form, sondern tiefgehendes Erlebnis" (Mein Lebensgang, S. 21/22).

Auch die tägliche Begegnung mit Mönchen aus einem nahegelegenen Kloster haben den Achtjährigen tief beeindruckt.

„Ich weiß noch, wie gerne ich von ihnen wäre angesprochen worden. Sie taten es nie. Und so trug ich von der Begegnung nur immer einen unbestimmten, aber feierlichen Eindruck davon, der mir immer lange nachging" (ebenda, S. 15).

17

In dem Kind setzte sich die Idee fest:

> „Im Zusammenhange mit den Aufgaben dieser Mönche müssen wichtige Dinge sein, die ich kennenlernen müsse" (ebenda, S. 15).

In einem viel früher gehaltenen Vortrag, in dem sich Steiner als freigeistiger Naturwissenschaftler darstellen möchte, liest es sich allerdings ganz anders:

> „Ich selber bin durchaus von naturwissenschaftlicher Bildung ausgegangen, bin so freigeistig als möglich in meiner Jugend aufgewachsen, habe gerade aus meiner Jugend keine religiösen Empfindungen mitgebracht" (Jesus oder Christus, S. 93).

Welche Darstellung ist nun die richtige?

Steiner besuchte als weiterführende Schule die Realschule, nach deren Abschluß begann er 1879 das Studium der Naturwissenschaften an der Technischen Hochschule in Wien. Diese naturwissenschaftlichen Studien hat Steiner nie zu Ende geführt. Er geriet schon bald unter den Einfluß des Literaturprofessors Karl Julius Schröer, der ihn mit dem Werk Goethes vertraut machte. Durch Schröers Vermittlung erhält Steiner den Auftrag, die naturwissenschaftlichen Schriften Goethes herauszugeben – zuerst in der angesehenen Reihe „Kürschners Deutsche Nationallitteratur". Noch vor Abschluß dieser Arbeit wird er ans Goethe-Archiv in Weimar berufen, um die gleichen Schriften in der großen „Sophien-Ausgabe" herauszugeben.

Während der Studienzeit – wie auch später in Weimar und Berlin – zeigte sich Steiner stets als ein „geselliger Mensch" (Mein Lebensgang, S. 55). Er hatte einen großen Bekanntenkreis um sich versammelt, in dem – wie unter Studenten bis heute üblich – über Gott und die Welt disku-

18

tiert wurde. Diese Studentengespräche zeichnet Steiner 40 Jahre später bis ins Detail nach – sie sollen zeigen, daß schon der junge Student einen Hang zum Übersinnlichen, zum Geistigen hatte, auch wenn es nach außen hin anders wirkte.

In Goethes Schriften findet er erstmals eine geistige Sicht der Welt, hier macht er – so seine eigene Aussage – die ersten bewußten Erkenntnisse im geistigen Bereich. Jedoch er klagt: „Ich fand niemanden, zu dem ich von diesen Anschauungen hätte sprechen können" (Mein Lebensgang, S. 75).

Während der Studienzeit will Steiner auch bereits die „bestimmten Anschauungen über die wiederholten Erdenleben des Menschen" errungen haben (ebenda, S. 102). In diesem Zusammenhang sei ihm ein Buch von H.P. Blavatsky, der Begründerin der Theosophischen Gesellschaft, in die Hände gefallen. Steiner kommentiert:

„Sein Inhalt war für mich abstoßend; und die Antipathie gegen diese Art, das Übersinnliche darzustellen, hätte mich wohl verhindert, auf dem Wege, der mir vorgezeichnet war, zunächst weiter fortzuschreiten" (ebenda, S. 103).

Allein die Tatsache, daß Steiner bereits eigene Erfahrungen auf diesem Gebiet gemacht hatte, läßt diesen negativen Eindruck nicht zu einer grundsätzlichen Ablehnung des Übersinnlichen werden.

Während des Studiums erprobt Steiner auch bereits seine pädagogischen Fähigkeiten: er erteilt Privatunterricht, und in der Begleitung eines Gymnasiasten erwirbt er sich Kenntnisse des Griechischen und anderer Elemente gymnasialer Bildung.

2. Weimar und Berlin

Mit dem Auftrag, am Weimarer Goethe-Archiv die naturwissenschaftlichen Schriften des Dichters herauszugeben,
endet Steiners Studentenzeit. Er siedelt 1890 von Wien
nach Weimar über, und es beginnt ein neuer Abschnitt in
seinem Leben. In Weimar macht Steiner die Bekanntschaft
einflußreicher Persönlichkeiten des gesellschaftlichen und
des wissenschaftlichen Lebens. Noch im Jahre 1890 reicht
er an der Philosophischen Fakultät der Universität Rostock
eine erkenntnistheoretische Schrift als Dissertation ein
und promoviert zum Dr. phil. Die Buchausgabe der Dissertation erscheint unter dem Titel „Wahrheit und Wissenschaft" (1892).

In der Archiv-Arbeit dieser Jahre zeigt Steiner starke
Antipathien gegen diejenigen Germanisten, die historisch-
kritisch, d.h. mit präzisen, ausgewiesenen Methoden an die
Quellen herangehen, die zunächst nach der richtigen Text-
form, nach den Bedingungen der Entstehung usw. suchen.
Steiner selbst tut sich mit solchen Methoden bei seinen eigenen Ausgaben schwer, die von ihm herausgegebenen
Bände sind in der Fachwelt nicht unumstritten. Auch Steiner selbst räumt ein, daß „das, was ich bei Bearbeitung der
weimarischen Ausgabe in manchem Einzelnen gemacht
habe, als Fehler von ‚Fachleuten' bezeichnet werden kann"
(Mein Lebensgang, S. 235).

Schon in diesen frühen Weimarer Jahren entwickelt
Steiner einen ungewöhnlichen Arbeitseifer, der bis zu sei-
nem Tod mit Recht von allen bewundert wird, die ihm be-
gegnet sind. Neben der Goethe-Ausgabe besorgt er weitere
Werkausgaben von Klassikern (Schopenhauer, Jean Paul,
Wieland, Uhland). Auch eigene Werke verfaßt er. Von be-

sonderer Bedeutung war für ihn die Schrift „Die Philosophie der Freiheit" (1894).

Dieses Werk reicht Steiner als Habilitationsschrift an der Philosophischen Fakultät der Universität Jena ein. Sie wird jedoch abgelehnt, Steiner erhält nicht die erwünschte Dozentur in Jena, der Plan einer Universitätslaufbahn hat sich damit zerschlagen. Über sein Scheitern ist Steiner verärgert: „nach dem, was ich geleistet" habe, mußte „diese Privatdozentur ein Pappenstiel sein . . . von seiten derer, die sie mir zu gewähren haben". Aber Suphan, der Direktor des Goethe-Archivs, lasse ihn als „Null erscheinen" (Steiner in einem Brief vom 23.12.1895, zitiert nach G. Wehr, Rudolf Steiner, S. 122).

Nachdem auch eine Bewerbung um einen Posten in der Feuilleton-Redaktion einer Wiener Tageszeitung gescheitert war, die Aufgabe in Weimar aber beendet war, wird Steiner 1897 gemeinsam mit Otto Erich Hartleben Herausgeber einer Literaturzeitung. Bis 1900 betreut er das „Magazin für Litteratur". Nach heftigen literarischen Auseinandersetzungen mit Repräsentanten des Nietzsche-Archivs sowie mit Arno Holz muß Steiner dieses Amt niederlegen.

Die Arbeit an der Literaturzeitung erfordert 1897 die Übersiedlung von Weimar nach Berlin. Dort heiratet er 1898 Anna Eunike, eine wohlhabende Witwe. Diese Ehe, über die die Biographen Meyer und Hemleben aus kaum verständlichen Gründen schweigen, wird von Steiner selbst in seiner Autobiographie nur beiläufig in einem einzigen Absatz erwähnt. Dieser einzige Abschnitt über Anna Steiner (die im Register übrigens nur als Anna Eunike zu finden ist!) lautet:

„Mein äußeres Privatleben wurde mir dadurch zu einem äußerst befriedigendem gemacht, daß die Familie Eunike nach

Berlin gezogen ist, und ich bei ihr unter bester Pflege wohnen konnte, nachdem ich kurze Zeit das Elend des Wohnens in einer eigenen Wohnung durchgemacht hatte. Die Freundschaft zu Frau Eunike wurde bald darauf in eine bürgerliche Ehe umgewandelt . . . Das Leben im Eunikeschen Hause gab mir damals die Möglichkeit, eine ungestörte Grundlage für ein innerlich und äußerlich bewegtes Leben zu haben" (Mein Lebensgang, S. 277/278).

Welch eigenartige Begründung für eine Ehe! Nachdem Steiner seine Wende zur Theosophie vollzogen hatte und im Verlauf der ersten Kontakte dabei Marie von Sivers kennengelernt hatte, trat seine Ehe in den Hintergrund. Marie wurde seine engste Mitarbeiterin und Vertraute, 1911 starb Anna Steiner, 1914 heiratete er Marie von Sivers.

Die Entbindung von seinen Verpflichtungen als Herausgeber des „Magazins für Litteratur" trifft Steiner offensichtlich nicht unvorbereitet. Längst hat er eine Nebentätigkeit aufgenommen, der er sich in den Jahren danach stärker widmen kann: Er unterrichtet Geschichte an der von Wilhelm Liebknecht gegründeten Arbeiterbildungsschule in Berlin. Doch auch dort muß er gehen: 1904 wird ihm gekündigt – die Unterschiede zwischen sozialistischer Geschichtstheorie und dem Steinerschen Geschichtsbild waren wohl zu deutlich zutage getreten, vor allem seit Steiner sich den Theosophen zugewandt hatte.

Auch diese Kündigung macht ihn nicht arbeitslos: 1902 hat Steiner ein ganz neues Betätigungsfeld gefunden: Er hat den Schritt getan, der für sein weiteres Leben von grundlegender Bedeutung ist: aus dem avantgardistischen Literaten, dem Lehrer an einer sozialistischen Schule wird – ein Theosoph. Und nicht irgendeiner, sondern von Anfang an ihr Wortführer, ihr Vordenker.

22

3. Der Theosoph

Steiners Wende zur Theosophie kommt für seine Freunde
und Mitarbeiter völlig überraschend. Nach einigen Vorträgen im Hause des Grafen Brockdorf und nach einigen weiteren Kontakten läßt er sich zum Generalsekretär der neu-
gegründeten deutschen Sektion der Theosophischen Gesellschaft machen. Diese Aufgabe übernimmt er in Zusam-
menarbeit mit Marie von Sivers.

Die Theosophen waren in ihrer Anschauung bestimmt
durch die schillernde Persönlichkeit Helen Petrowna Bla-
vatskys, einer Russin, die zuerst in Amerika, dann, als sie
dort des Betrugs bei spiritistischen Handlungen überführt
war, in Indien wirkte. Ihre zwei Bücher „Die entschleierte
Isis" (1877) und „Geheimlehre" (1888) hatten großen Einfluß auf alle weitere Theosophie – und auch auf die Anthroposophie, die sich in Deutschland daraus entwickelt hat.
Die Geschichte der Theosophie bis zum Beginn des 20.
Jahrhunderts ist gekennzeichnet von Wirren und Skanda-
len, von Betrug und deren Entdeckung, von Spaltungen
und Gruppenbildungen. Die zweite Frau, die die Theosophie maßgebend beeinflußt hat, Annie Besant, brachte eine
starke hinduistische Tendenz in die Theosophie – das war
einer der Gründe, weshalb Steiner sich später von der
Theosophie lossagte.

Aber weshalb hat er sich überhaupt erst dort heimisch
gemacht? Der kritische Leser Steinerscher Schriften steht
hier vor einem Rätsel. War es die anziehende Welterklä-
rung, die Abwertung des Materiellen gegenüber der geistigen Sphäre, die Abwertung des intellektuellen Rationalismus zugunsten einer mystischen Schau? Das wäre eigentlich überraschend, denn noch wenige Jahre zuvor hatte

Steiner sich in einer Glosse über die Theosophen ausgelassen. Steiner beginnt mit kurzen Ausführungen über eine neue Ausgabe der Bhagavadgita, einer altindischen religiös-philosophischen Dichtung:

„Das Gedicht enthüllt die tiefsten Erlebnisse, die die Auserwählten, die Priesternaturen eines sinnigen Volkes in besonderen Zuständen hatten. Wie im Traume gingen diesen Priesternaturen die Lösungen derjenigen Lebensfragen auf, deren Beantwortung sie ihrer Veranlagung nach bedurften. Nicht durch abstraktes Denken, auf das wir Abendländer nun einmal angewiesen sind, sondern durch mystisches Schauen, durch Intuition suchten diese orientalischen Wahrheitssucher zu ihren Zielen zu gelangen. Es wäre vergeblich, wenn wir Abendländer es ihnen nachmachen wollten.

. . . Nicht so denken die Theosophen. Sie sehen mit Achselzukken auf die ganze europäische Wissenschaft, lächeln über deren Verstandes- und Vernunftsmäßigkeit . . .

Oh, es ist köstlich, die überlegen sein sollende Miene zu beobachten, wenn man mit einem Theosophen in ein Gespräch kommt über den Wert abendländischer Erkenntnisse. ‚Das ist alles Außenwerk‘; die ‚Vernunftgelehrten gehen nur um eine Sache herum, und beschauen ihre Oberfläche‘; wir hingegen leben in der Sache drinnen; ‚wir leben sogar in Gott selbst drinnen; wir erleben die Gottheit in uns‘.

So etwa sind die Redensarten, die man zu hören bekommt. Und man wird kaum davonkommen, ohne daß einem der Stempel eines ‚beschränkten Verstandesmenschen‘ aufgedrückt worden ist" (Artikel „Theosophen", in: Magazin für Litteratur, 1897, Sp. 1066).

Wir wollen hier noch gar nicht einmal untersuchen, inwieweit die Kritik Steiners auch seine eigene spätere Anthroposophie trifft. Wir können nur feststellen: Die Lehre der

Theosophen kann diese Richtung also nicht so verlockend gemacht haben. Steiner selbst urteilt ja in seiner Autobiographie immer noch vernichtend über diese Weltanschauung: Er beschreibt seinen Eintritt in die Theosophische Gesellschaft als einen merkwürdigen Akt – Vorbehalte habe er bei Unterschriftsleistung gemacht:

> „Niemand blieb im Unklaren darüber, daß ich in der Theosophischen Gesellschaft nur die Ergebnisse meines eigenen forschenden Schauens vorbringen werde ... Ich verschrieb mich keiner Sektendogmatik" (Mein Lebensgang, S. 294).

Also eine Sektendogmatik gilt in der Gruppe, deren Generalsekretär zu werden er sich gerade anschickt! Das ließe sich zur Deckung bringen mit den Sätzen von 1897. Aber was war es dann, was ihn zur Theosophie trieb? Waren es die Menschen, die er dort antreffen konnte? Steiner selbst hat es später so dargestellt. Er spricht vor dem theosophischen Publikum, weil es „damals das einzige war, das restlos auf Geist-Erkenntnis einging" (Mein Lebensgang, S. 294).

Aber gerade auf die Menschen in der theosophischen Bewegung war doch wohl seine Kritik im Jahre 1897 gemünzt:

> „Ich rate ... jedem, der mit einem Theosophen zusammenkommt, sich zunächst vollständig gläubig zu stellen und zu versuchen, etwas von den Offenbarungen zu hören, die ein solcher von morgenländischer Weisheit vollzogener (= vollgesogener? J.B.) Erleuchteter in ‚seinem Innern' erlebt. Man hört nämlich nichts; nichts als Redensarten, die den morgenländischen Schriften entlehnt sind, ohne eine Spur von Inhalt. Die inneren Erlebnisse sind nichts als Heuchelei ... Aber die Art, wie sie von den höchsten Erkenntnissen sprechen, die sie nicht haben, die mystische Weise, in der sie unverstandene fremde

Weisheit vorbringen, wirkt verführend auf nicht wenige Zeitgenossen ... und die Zahl derer, die sich lieber dem dunklen Gerede vom Erleben der Gottheit im Innern zuwenden als der klaren, lichten, begrifflichen Erkenntnis des Abendlandes ist nicht gering" (Theosophen, Sp. 1066).

Es wäre doch erstaunlich, sollten sich die Menschen in dieser Theosophischen Gesellschaft in nur 5 Jahren so grundlegend verändert haben.

Nun, Steiner versucht auch hierauf eine Antwort: Er habe eben nicht die Berliner, sondern die Wiener Theosophen gemeint –, aber wenn der Erfahrungshintergrund so klein war – wie kommt es dann zu einer so pauschalen Verspottung? Klingt das hier nicht nach einer späten Verteidigung einer Lebenswende, die doch wohl eher als Bruch verstanden werden kann als als kontinuierliche Weiterentwicklung des Gewesenen?

Wie auch immer – wir finden Steiner ab 1902 als Wortführer der Theosophen in Deutschland. Steiner und Marie von Sivers werden Mitglieder in der esoterischen Schule von Annie Besant, sie gehören also zum innersten Führungszirkel der theosophischen Bewegung.

Außerdem erlangen die beiden die Mitgliedschaft in einer Freimaurer-Hochgradloge (O.T.O.). Angeblich nur, um an Bestehendes anzuknüpfen, nimmt Steiner das Diplom dieser Loge, jedoch auch hier macht er Vorbehalte: „Ich dachte nicht im entferntesten daran, im Sinne einer solchen Gesellschaft zu wirken" (Mein Lebensgang, S. 335). Und wieder der Vorbehalt:

Unsere Unterschriften waren unter ‚Formeln' gegeben. Das Übliche war eingehalten worden. Und während wir unsere Unterschriften gaben, sagte ich mit aller Deutlichkeit: das alles ist Formalität, und die Einrichtung, die ich veranlasse, wird nichts herübernehmen" (ebenda, S. 337).

Im normalen Geschäftsleben sind mündliche Nebenabsprachen bei Vertragsabschlüssen unwirksam. Ob das nicht auch hier gilt? Wozu die Unterschrift, wenn sie angeblich nichts zu bedeuten hatte?

Die Phase in Steiners Leben, in der er sich vom Freund Haeckels und Nietzsches, vom Freund vieler progressiver Literaten, vom Lehrer an der sozialistischen Arbeiterbildungsschule zum Geisteswissenschaftler wandelt, ist voller Ungereimtheiten. Es bedarf hier einer kritischen Aufarbeitung des Materials, die vielleicht die Motive, die Ziele klären könnte. Das Nachsprechen der Steinerschen Begründungen, mehr als 20 Jahre später gegeben, reicht jedenfalls nicht.

Als Theosoph verfaßt Rudolf Steiner in den Jahren nach 1902 die grundlegenden Werke für seine theo- bzw. anthroposophische Weltanschauung. Die wichtigsten seien hier genannt:

Das Christentum als mystische Tatsache (1902), Theosophie (1904), Wie erlangt man Erkenntnisse der höheren Welten? (1904–1905), Die Geheimwissenschaft im Umriß (1910).

In diesen Jahren beginnt auch jene rastlose Vortrags- und Seminartätigkeit, die Steiner bis in die letzten Wochen vor seinem Tod durch viele Länder Europas führt und bei denen viele Menschen ihm begegnen. Diese Vorträge waren zum Teil öffentlich, zum großen Teil aber intern, d.h. nur den Mitgliedern der Theosophischen bzw. Anthroposophischen Gesellschaft zugänglich. Die meisten dieser Vorträge sind in Nachschrift erhalten und wurden noch zu

Lebzeiten Steiners herausgegeben – allerdings ohne vom Verfasser noch einmal durchgesehen zu werden. Die internen Vorträge wurden zuerst nur in maschinenschriftlicher Vervielfältigung weitergegeben, numeriert und mit Namen des Empfängers versehen. Heute sind auch sie für jeden zugänglich in der Rudolf-Steiner-Gesamtausgabe und viele auch in Auswählbänden.

Zu den wichtigsten internen Kursen der frühen Jahre zählen die Vorträge über das Johannes-Evangelium (1908), von denen später noch die Rede sein wird.

Nach mehreren Auseinandersetzungen mit Annie Besant, in denen Steiner gegen die alleinige Ausrichtung auf östliches Gedankengut die zentrale Bedeutung des Christus hervorhob, wird er aus der Theosophischen Gesellschaft ausgeschlossen (1913). Er gründet die Anthroposophische Gesellschaft. Die meisten deutschen Theosophen folgen ihrem Generalsekretär.

4. Der Anthroposoph

Hatte Steiner als Theosoph bereits die Grundlagen für die Anthroposophie gelegt, so bestimmt das praktische Wirken seine Jahre als Anreger und Ausformer der Anthroposophie – deren erster Gesellschaft er allerdings selbst nicht beigetreten ist.

Schon im Jahre der Gründung, 1913, beginnt Steiner mit dem Bau des Goetheanums auf einem gestifteten Gelände bei Dornach. Der Bau wird äußerlich noch vor Kriegsausbruch fertiggestellt. Während des Weltkriegs beteiligen sich Mitarbeiter aus allen verfeindeten Nationen an der künstlerischen Ausgestaltung des Bauwerks. 1920 wird das

Goetheanum feierlich eröffnet. Hier soll die neue Bewegung ihre geistige Mitte erhalten, hier nimmt die „Freie Hochschule für Geisteswissenschaft" ihre Arbeit auf. Doch bereits in der Silvesternacht 1922/23 fällt das kunstvolle Holzbauwerk einer Brandstiftung zum Opfer. Dies Ereignis prägt die junge Gemeinschaft in starker Weise, Rudolf Meyer, Schüler und Biograph Rudolf Steiners, schreibt gar von einer „Feuerprobe" für die anthroposophische Gemeinschaft – in Analogie zu jener Feuerprobe, die der einzelne im Verlaufe seiner Einweihung zu bestehen hat (Rudolf Steiner, S. 188). Den Bau des zweiten Goetheanums erlebt Steiner nicht mehr, er kann nur noch ein Modell jenes Stahlbetonbaus formen, der an gleicher Stelle wie der Holzbau errichtet werden wird – wenige Jahre nach Steiners Tod.

Parallel zum Bau am Goetheanum beginnen jene Ausformungen der Anthroposophie, die sie bis heute so anziehend erscheinen lassen. Unter dem Eindruck des Zusammenbruchs der Gesellschaft des 19. Jahrhunderts in einem Krieg mit zuvor nie erlebten Ausmaßen, entwickelt Steiner das Konzept einer neuen Gesellschaft. Seine Antwort soll die Gegensätze Kapitalismus–Sozialismus überwinden. Steiner tritt für eine „Dreigliederung" ein: die drei Bereiche Politik, Wirtschaft und Kultur sollen voneinander unabhängig werden. Steiner gründet eine „Bewegung für Dreigliederung", die aber in den revolutionären Wirren nach 1919 keine ausreichende Resonanz findet. Später werden die anthroposophischen Einrichtungen wie Waldorfschulen, Heime usw. versuchen, für ihren Bereich eine Dreigliederung zu verwirklichen.

Gleich nach dem Krieg, 1919, kann Steiner die erste Waldorfschule gründen: finanziert durch seinen Anhänger

Emil Molt, den Besitzer der Tabakfabrik Waldorf in Stuttgart, und zunächst gedacht für die Kinder der dort beschäftigten Arbeiter. Diese Schule folgt – wie alle Waldorfschulen bis heute – einer von Steiner entwickelten Pädagogik, die auf seinem Menschenbild aufgebaut ist. In zahlreichen Konferenzen und in besonderen Kursen für die ersten Waldorflehrer hat Steiner sich um die Ausgestaltung dieser Pädagogik und um ihre Anwendung in der Praxis bemüht.

Es folgt die Begründung der anthroposophischen Medizin gemeinsam mit der Ärztin Ita Wegmann. Anfragen an Steiner führen zu der Beschäftigung mit Fragen des biologisch-dynamischen Landbaus und mit den Problemen einer Heilpädagogik für „seelenpflege-bedürftige" Kinder.

1922 wird in Dornach von einem Kreis von (mehrheitlich evangelischen) Theologen – unter ihnen Friedrich Rittelmeyer und Emil Bock – die Christengemeinschaft gegründet. Steiner hat die Gründung zwar nicht selbst vollzogen, aber sein Einfluß ist doch entscheidend gewesen. Aufgrund von Anfragen hat er religiöse Fragen und die Fragen einer Erneuerung des Christentums mit jungen Theologen besprochen, hat ihnen die Richtung gewiesen. Steiner formulierte dann auch das Glaubensbekenntnis der Christengemeinschaft und die im Gottesdienst verwendeten Texte. So kann sein Einfluß gar nicht hoch genug eingeschätzt werden.

Aufgrund von internen Streitigkeiten unter den Mitgliedern sieht Steiner sich genötigt, die Anthroposophische Gesellschaft aufzulösen und in einer Weihnachtstagung 1923 eine neue Gesellschaft, die Allgemeine Anthroposophische Gesellschaft, zu gründen. Er selbst tritt an die Spitze dieser Gesellschaft. Auch diese Neugründung hat nicht verhindern können, daß es kurz nach Steiners Tod zu schweren Auseinandersetzungen um die Verlagsrechte an seinen Werken usw. gekommen ist, zu Abspaltungen und zu gegenseitigen Polemiken und Rechtfertigungen. Steiner selbst ist am 30. März 1925 in Dornach gestorben. Die Todesursache wurde nicht bekannt gegeben, Anhänger sprachen von Vergiftung, erhärtet worden ist diese Behauptung nie.

II. Was ist Anthroposophie?

Was ist eigentlich Anthroposophie? Es ist gar nicht so leicht, auf diese naheliegende Frage eine bündige Antwort zu geben. Vom Wort her bedeutet Anthroposophie Weisheit vom Menschen. Für Steiner ist diese Weisheit vom Menschen eine Wissenschaft vom Geistigen, vom Übersinnlichen – kurz: „Geisteswissenschaft".

Überall wo in Steiners Schriften oder wo auch heute im Rahmen der Anthroposophie der Begriff „Geisteswissenschaft" erscheint, hat das Wort nicht die gleiche Bedeutung wie im Raume unserer Universitäten, wo er Oberbegriff für Philosophie, Sprachwissenschaften und historische Fächer ist und einen Gegenbegriff darstellt zu Naturwissenschaft und Sozialwissenschaft. „Geisteswissenschaft" heißt bei Steiner Anthroposophie, beide Begriffe sind auswechselbar.

Die Steinersche „Geisteswissenschaft" erforscht einen Bereich, der dem „sinnlichen" Erkenntnisvermögen – sprich: der normal entwickelten und geschulten Vernunft – nicht zugänglich ist. Um den Forschungsgegenstand überhaupt wahrzunehmen, ist eine besondere Schulung erforderlich. Der Schüler wendet sich dem „Geheimen" zu, dem nicht offen zutage Liegenden – er wird daher „Geheimschüler" und studiert „Geheimwissenschaft".

Anthroposophie versucht, den Menschen in seinen nicht-sichtbaren, nicht-materiellen, übersinnlichen Bezügen zu jener geistig-göttlichen Welt wissenschaftlich zu erforschen – zu jener Welt, die alles Sichtbare trägt und gestaltet:

„Das ist es, was die Geisteswissenschaft dem modernen Menschen geben soll: die Möglichkeit, in unmittelbarer Weise Kunde zu erhalten von der unsichtbaren Welt" (Bibel und Weisheit, S. 9).

Anthroposophie will

„eine Eröffnung der Tore zu einer übersinnlichen Welt sein. Und sie will diese Welt nicht durch bloß spekulatives Denken finden, sondern durch wirkliche Wahrnehmungen, welche der Seele ebenso zugänglich ist, wie die Wahrnehmung der physischen Sinne" (Theosophie, S. 13).

Mit der Absage an das „spekulative Denken" will Steiner seine Anthroposophie abgrenzen gegen andere, frühere Formen der Ergründung des Übersinnlichen, gegen Schwärmerei und Somnambulismus, gegen jede Subjektivität:

„Man ist gewöhnlich der Ansicht, daß eine solche Wahrnehmung in geistiger Art nur in Zuständen der Vision, der Ekstase in der Seele auftritt, und daß sie bei den mit ihr begnadeten Menschen keiner wissenschaftlichen Kontrolle unterliege. Deshalb will man ihr auch keinen anderen Wert beilegen als einen solchen persönlicher Erlebnisse der einzelnen menschlichen Individuen. Mit dieser Art von Seelenerlebnissen hat die moderne Theosophie (=Anthroposophie, J.B.) nichts gemein. Sie zeigt, daß in der menschlichen Seele Erkenntniskräfte schlummern, welche im gewöhnlichen Leben und auch in der äußeren Wissenschaft nicht zutage treten" (Theosophie und das Geistesleben der Gegenwart, S. 13/14).

Die Wahrnehmung des Geistig-Göttlichen, des nicht-materiellen Bereichs soll also weder allein dem Glauben der Religionsgemeinschaften überlassen werden, noch der Subjektivität von Einzelgängern vorbehalten bleiben. Steiner beansprucht die Möglichkeit einer „wissenschaftlichen Kontrolle". Da die Menschen der Gegenwart sich nicht mehr mit einem Glauben begnügen wollen – Steiner versteht hier unter Glauben wohl kaum mehr als das Fürwahr-Halten von Nicht-Beweisbarem –, möchte er mit seiner Anthroposophie das Bedürfnis nach Erkennen, nach gesichertem Wissen befriedigen. Entschieden wehrt er sich darum gegen eine Einordnung der Anthroposophie in die Kategorie Religionsgemeinschaft oder gar Sekte:

> „Es wäre eine Verleumdung, wenn man die Sache so darstellte, als ob Anthroposophie irgend eine Sekte stiften oder eine neue Religion begründen wollte. Anthroposophie kann, indem sie auf den Grundlagen der Erkenntnis steht, . . . nichts Sektiererisches an sich haben oder wollen, sie kann auch keine neue Religion stiften" (Das Wesen der Anthroposophie, S. 35).

Nach Steiners Worten will die Anthroposophie herauswachsen

> „in der Gegenwart aus der wissenschaftlichen Bewegung im allgemeinen. Sie will für die übersinnlichen Tatsachen des menschlichen oder des Weltlebens die entsprechenden Forschungsmethoden finden" (Jesus oder Christus, S. 81).

Darum steht die Anthroposophie – so Steiner – hoch über dem Glauben der Kirchen, sie hat ein Wissen, an das sich jeglicher Glaube nur dankbar anlehnen kann:

> „Denn wenn der suchenden Seele entgegenkommt . . . aus übersinnlichen Welten ein Licht der Erkenntnis, dann erhält der Glaube nicht eine ungünstige Beeinflussung, sondern eine starke Stütze" (Das Wesen der Anthroposophie, S. 36).

In diesem Sinne könne Anthroposophie ein „Instrument zum vertieften Verstehen des religiösen Lebens" werden.

Irgendwelche Grenzen der Erkenntnis möchte Steiner aber nicht anerkennen, Schulung des Geistes könne sie überwinden.

An seinem Anspruch, mit methodisch ausgewiesener Forschung Erkenntnisse über den übersinnlichen Bereich zu erhalten und sie methodisch klar weiterzugeben, muß Steiners Werk gemessen werden.

III. Die Entwicklung des Kosmos und der Menschheit

1. Der Entwicklungsgedanke als Kernstück der Anthroposophie

Anthroposophie ist keineswegs auf eine Methode zum Erkennen geistiger Zusammenhänge einzuschränken. Steiner lehrt auch Ergebnisse seiner „Geisteswissenschaft", die ein fester Bestandteil anthroposophischen Denkens bis heute geblieben sind.

Die Quelle, aus der Steiner seine „Erkenntnisse" über die Weltentwicklung – und über vieles andere – schöpft, ist keine Urkunde im üblichen Sinn des Wortes, so sagt er. Es ist vielmehr eine Urkunde, die nicht sinnlich wahrnehmbar ist und die deswegen dem normalen Historiker nicht zur Verfügung steht. Diese Quelle ist nur im geistigen Bereich vorhanden und „mit anderen Buchstaben geschrieben" als die gewöhnlichen „äußeren Zeugnisse". Diese Urkunde, die sich nur dem Eingeweihten erschließt, nennt Steiner im Gefolge der Theosophen die „Akasha-Chronik". Steiner hat nach eigener Aussage Teile dieser übersinnlichen Chronik in unsere Sprache übertragen und veröffentlicht (Aus der Akasha-Chronik, S. 17).

Das alles bestimmende Denkschema ist der Entwicklungsgedanke. Dieser Gedanke war damals modern, seit Darwin und Haeckel das Werden der Welt und des Lebens als ständigen Entwicklungsprozeß beschrieben hatten. Für Darwin und Haeckel wird der Entwicklungsprozeß bewegt durch rein materielle Triebe: Anpassung, Durchsetzung. Steiner dagegen sieht die Entwicklung vorangetrieben durch geistige Wesenheiten, durch Pläne der höheren, geistigen Welt. Und auch diese geistig-göttliche Welt selbst ist in einen ständig fortschreitenden Prozeß eingebunden. Unsere gegenwärtige Welt ist Teil eines gigantischen Weltensystems, das sich ständig umformt, sich höher entwickelt. Vor der gegenwärtigen Welt lag die verklungene Welt, sie hatte die vorverklungene abgelöst usw. Und in fernen Zeiten wird auf unsere gegenwärtige Welt eine zukünftige folgen.

Diese Welten entwickeln sich jeweils in sieben Phasen – den planetarischen Bewußtseinsstufen: Saturn, Sonne, Mond, Erde, Jupiter, Venus und Vulkan. Fünf weitere Bewußtseinsstufen schließen sich an, sie lassen sich jedoch in ihrer Vollkommenheit gegenwärtig noch nicht beschreiben, sagt Steiner. Sie überlagern bereits die kommende Welt.

Von Planetenzeit zu Planetenzeit arbeitet sich das Geistige weiter empor – jeweils um eine Stufenleiter in der Hierarchie. Der Mensch ist ein Bindeglied zwischen materieller und geistiger Welt: als höchstes Glied der physischen Welt und als niederstes der geistigen Welt. In den kommenden planetarischen Phasen wird er emporsteigen zu den Engeln, dann zu den Erzengeln usw., bis schließlich die höchste Vollkommenheitsstufe erreicht sein wird.

In diesem Prozeß der Höherentwicklung des Menschen nimmt das Leben auf der Erde einen besonderen Platz ein – es ist die mittlere Phase in dieser gegenwärtigen Welt. Und in der Mitte dieser Mitte wiederum stehen das Kommen des Christus und das „Mysterium von Golgatha".

2. Entwicklung – ein Prozeß ohne Anfang und Ende

Steiners Lehre von der Entstehung der Welt beginnt nicht an einem Anfang. Den kennt er nicht und will ihn nicht kennen. Wer nach ihm fragt, wird abgewiesen:

> „Nur Begriffshaarspalterei will erforschen, was ‚ganz im Anfange der Welt' war, oder ‚warum eigentlich Gott die Welt erschaffen habe?' Für den Geheimforscher handelt es sich vielmehr darum, zu begreifen, daß man solche Fragen auf einer gewissen Stufe der Erkenntnis gar nicht mehr stellt" (Aus der Akasha-Chronik, S. 101).

Die Frage nach der Schöpfung wird also als sinnlos unterbunden.

Steiners Weltbild kennt auch kein Ende. Die Welt läuft nicht von ihrem von Gott gesetzten Beginn herkommend auf das von Gott gesetzte Ende zu, wie es in der Christenheit von Anfang an verstanden wurde. Sein Weltbild gleicht eher einer Spirale – immer neue Welten entwickeln sich, greifen ineinander, lösen sich ab, tragen in sich Geistwesen der verschiedensten Grade, die an ihrer Höherentwicklung arbeiten.

Gott ist dabei das Geistige, das in dieser Welt wirkt, das die Entwicklung vorantreibt, er ist Teil des ganzen Kosmos, der nicht nur Materie ist, sondern auch Geist, für den das Materiell-Sichtbare eine physische Hülle darstellt, wie der physische Leib für den geistigen Menschen. So sieht er die Sterne als „Seelenäußerung des Weltenastralischen", durch die geistige Kräfte auf die Erde wirken (Der Pfingstgedanke, S. 15).

Auch Sonne und Mond sind geistige Mächte (dazu im

Kapitel V). Sonne, Mond und Erde waren in den ersten Entwicklungsstufen dieses Weltensystems noch ungetrennt – erst nachdem der Mensch die Bewußtseinsstufe des Lebens auf dem Mond (s.u.) beendet hatte, trennten sich diese drei Gestirne: das Feinstoffliche bildete die Sonne, das Grobstoffliche den Mond und das Mittlere formte sich zur Erde (Aus der Akasha-Chronik, S. 159 ff).

Diese verschiedenen Entwicklungsphasen des Kosmos kann Steiner auch als verschiedene Inkarnationen der Erde bezeichnen:

> „Die Erde selbst hat sich vielmehr mit dem Menschen entwikkelt. Sie hat ebenso wie er drei Hauptstufen der Entwickelung durchgemacht, bevor sie zu dem geworden ist, was man jetzt ‚Erde' nennt ...
> Ehe der Weltkörper, auf dem sich des Menschen Leben abspielt, ‚Erde' geworden ist, hat er drei andere Formen gehabt, welche man als Saturn, Sonne und Mond bezeichnet. Man kann also von vier Planeten sprechen, auf denen sich die vier Hauptstufen der Menschentwickelung vollziehen. Die Sache ist so, daß die Erde, bevor sie eben ‚Erde' geworden ist, Mond war, noch früher Sonne und noch vorher Saturn" (Aus der Akasha-Chronik, S. 109/110).

Und in der weiteren Entwicklung wird aus der Erde Jupiter, dann Venus, schließlich Vulkan werden.

Zwischen diesen Entwicklungsstufen gibt es lange Unterbrechungen – „Zwischenzustände, die man vergleichen könnte mit der Nacht zwischen zwei Tagen" (ebenda). In Anlehnung an östliche Vorstellungen bezeichnet Steiner diese Zwischenzustände als Pralaya.

3. Die Entwicklung des Menschen

Die Entwicklung des Menschen beginnt nicht auf unserem Planeten Erde, sondern auf seiner Vorform Saturn.

Die Menschenvorfahren damals waren Wesen mit dumpfem Bewußtsein. Neben ihnen gab es – aus früheren Entwicklungszyklen – „Naturen mit Sonnenbewußtsein, andere mit Bilderbewußtsein (Mondbewußtsein), solche mit einem Bewußtsein, das dem gegenwärtigen Bewußtsein des Menschen gleicht" usw. (Akasha-Chronik, S. 125).

Diese Wesensarten sind alle an der Entwicklung des Menschen beteiligt – an vorderster Stelle die „strahlenden Flammen" –, Wesen der obersten, spirituellen Bewußtseinsstufe, die auch dem heutigen Menschen noch weit voraus sind.

Die einzelnen Entwicklungsvorgänge, die sich in den einzelnen Saturnkreisläufen vollziehen – es gibt in jeder Bewußtseinsstufe sieben solcher kleinerer Kreisläufe –, wollen wir hier nicht nachzeichnen. Der Mensch erhält hier jedenfalls seinen physischen Leib, er ist verbunden mit dem Bereich des Mineralischen.

Die nächste Bewußtseinsstufe ist das „Leben auf der Sonne". Hier erhält der Mensch seinen Ätherleib – er erhält belebte Sinne – und ist darin verbunden mit dem Bereich des Pflanzlichen. Der Bewußtseinszustand ist mit dem tiefen traumlosen Schlaf zu vergleichen, er ist dumpf, wie heute noch das Bewußtsein der Pflanzenwelt.

Steiner spricht vom Menschen auf der Sonne als vom Pflanzenmenschen oder von der Menschenpflanze:

„Er gleicht vielmehr schon ein wenig in seinen Formen dem gegenwärtigen Menschen. Nur ist die Anlage zum Kopfe, wie

40

jetzt die Pflanzenwurzel, nach unten hin zum Sonnenmittelpunkte gewendet, und die Fußanlagen sind wie die Pflanzenblüte nach oben gerichtet. Eine willkürliche Bewegung hat dieses Pflanzenmenschengebilde noch nicht" (Aus der Akasha-Chronik, S. 135).

Die dritte Bewußtseinsstufe nennt Steiner „Leben auf dem Mond". Das Bewußtsein des Menschen auf dem Mond gleicht dem „traumerfüllten Schlaf", Bilder steigen auf – allerdings sind es nicht Abbilder von Gegenständen, sondern Sinnbilder. Hier erhält der Mensch den Astralleib, Affekte wie Liebe und Haß, Zorn, Furcht, Grauen, Leidenschaft, Instinkte und Triebe sind ihm möglich. Dies verbindet den Menschen mit dem Bereich des Tierischen.

„Der Mond-Tiermensch hat noch nicht feste Knochen. Sein Gerüste ist noch knorpelartig. Seine ganze Natur ist gegenüber der jetzigen weich. Demgemäß ist auch seine Beweglichkeit noch eine andere. Sein Fortbewegen ist nicht ein gehendes, sondern eher ein springendes bzw. sogar ein schwebendes" (ebenda, S. 149).

Nach Abschluß dieser Phase beginnt der Mensch sein Leben auf der Erde. Hier wollen wir die einzelnen Entwicklungsstadien etwas genauer betrachten.

Auf der Erde entwickelt sich der Mensch in sieben Wurzelrassen, die jeweils Unterrassen ausbilden. In den beiden ersten, der „polaren" und „hyperboräischen Wurzelrasse", wird der Mensch erst langsam mit einem physischen, „grob stofflichen" Körper umhüllt. Anfangs bestand er nur aus feinstofflichen, ätherischen Substanzen und wäre nur einem Hellseher sichtbar gewesen (ebenda, S. 78). Während dieser Zeit ist der Mensch noch eingeschlechtlich:

„Der Leib bestand damals aus einer weichen bildsamen Masse. Über diese hatte der Wille eine viel höhere Gewalt, als dies beim späteren Menschen der Fall war ... Vieles von dem, was später innerhalb des Mutterwesens zur Reife gebracht wurde, war damals außerhalb desselben durch eine Kraft vervollkommnet, die mit unserer Willenskraft verwandt ist. Um solche äußere Reifung zu bewirken, war die Pflege von seiten des Vorfahrenwesens nötig ... Der ganze Vorgang hatte etwas, das man vergleichen kann mit dem Herausarbeiten aus einer Eiform und dem Ablegen einer Eihülle; doch darf man nicht an eine feste Eischale denken ... Die außer dem Mutterwesen stattfindende Reifung geschah unter dem Einfluß von erhöhter Wärme, die ebenfalls von außen zugeführt wurde. Doch darf man durchaus nicht an ein Bebrüten des Eimenschen ... denken ... Der Mensch vermochte durch seine Kräfte das Feuer, beziehungsweise die Wärme in einen gewissen Raum zu bannen. Er konnte – sozusagen – Wärme zusammenziehen (konzentrieren). Dadurch war er in der Lage, dem jungen Wesen die Wärme zuzuführen, die es zu seiner Reifung brauchte" (ebenda, S. 67).

Nach erfolgter Geschlechtertrennung entsteht die Wurzelrasse der *Lemurier*. Ihr hervorstechendes Merkmal ist eine heute unbekannte Fähigkeit zur Beherrschung des Willens und die Ausbildung der vorstellenden Kraft. Erwähnenswert findet Steiner die rauhe Kindererziehung, die bei den Lemuriern üblich gewesen sei. Mehr und Bedeutenderes als von den Lemuriern weiß Steiner von der nächsten Wurzelrasse, von den *Atlantiern* zu berichten. Sie besaßen zwar noch keinen logischen Verstand wie der heutige Mensch, aber dafür ein hervorragend entwickeltes Gedächtnis:

„Man erdachte nicht, man erinnerte sich. Eine Autorität war

nicht der, welcher viel gelernt hatte, sondern wer viel erlebt hatte und sich daher an viel erinnern konnte" (ebenda, S. 21).

Eine Ausnahme machten hier natürlich – wie auch bereits in den vergangenen Epochen – die Eingeweihten, denn „sie sind ja dem Entwickelungsgrade ihres Zeitalters voraus" (ebenda, S. 21).

Die wunderbarste Eigenschaft der Atlantier war allerdings ihre Fähigkeit, „die Samenkraft der Lebewesen in ihren technischen Dienst zu stellen". Der Atlantier wußte,

> „wie man es macht, um die Kraft eines Kornhaufens in technische Kraft umzuwandeln, wie der gegenwärtige Mensch die Wärmekraft eines Steinkohlehaufens in eine solche Kraft umzuwandeln vermag" (ebenda, S. 22).

Die Atlantier hatten

> „Vorrichtungen, die sie – sozusagen – mit Pflanzensamen heizten, und in denen sich die Lebenskraft in technisch verwertbare Kraft umwandelte. So wurden die in geringer Höhe über dem Boden schwebenden Fahrzeuge der Atlantier fortbewegt. Diese Fahrzeuge fuhren in einer Höhe, die geringer war als die Höhe der Gebirge der atlantischen Zeit, und sie hatten Steuervorrichtungen, durch die sie sich über diese Gebirge erheben konnten" (ebenda, S. 22/23).

All diese technischen Vorrichtungen ließen sich aber nur unter den besonderen Bedingungen der damaligen Zeit verwenden: Das Wasser war dünner, die Luft dichter als heute – was auch immer man darunter zu verstehen hat. Beides steht – nach Steiner –

> „für die okkulte Erfahrung so fest, wie nur irgendeine sinnliche gegebene Tatsache von heute feststehen kann" (ebenda, S. 23).

Steiner sieht sehr wohl, daß er sich mit solchen Behauptungen in einen Gegensatz zur Naturwissenschaft bringt. Allerdings geht er darüber hinweg:

> „Diese Tatsachen sind durch rein übersinnliche Beobachtungen gewonnen; und es muß sogar gesagt werden, daß der Geistesforscher am besten tut, wenn er sich aller Schlußfolgerungen aus seinen naturwissenschaftlichen Erkenntnissen peinlich genau entäußert; denn durch solche Schlußfolgerungen wird ihm leicht der unbefangene innere Sinn der Geistesforschung in die Irre geführt" (ebenda, S. 187).

Mir scheint das ein bedenklicher Ratschlag zu sein angesichts der ständig wiederholten Behauptung, Naturwissenschaft und Geistesforschung stünden in Einklang miteinander. Hier wird einfach die Naturwissenschaft abgeblendet und damit eine kritische Instanz beseitigt.

Der Übergang von der atlantischen zur *arischen Wurzelrasse,* d.h. also zur heutigen Menschheit, war von großen Schwierigkeiten gekennzeichnet: In der Mitte der atlantischen Zeit drangen die Geheimnisse der Eingeweihten zu den Uneingeweihten durch. So konnten verborgene Erkenntnisse in den Dienst „ihrer verirrten Bedürfnisse und Leidenschaften" (Die Geheimwissenschaft im Umriß, S. 198) gestellt werden. Die Menschheit ward verdorben, durch geheimnisvolle Zusammenhänge wurden „verderbliche Naturmächte" entfesselt. Luft- und Wasserkatastrophen waren die Folge. Die atlantische Bevölkerung mußte auswandern – nach und nach wurden in großen Wanderzügen Europa, Asien, Afrika und Amerika besiedelt. Auch die Eingeweihten gingen mit. Sie errichteten an den neuen Siedlungsorten Orakel – aber durch die Uneingeweihten und durch die Verräter der Geheimnisse erhielten die

Mächte des Bösen Einfluß auf die Menschen: Luzifer und Ahriman. Die Menschen lebten sich „in die sinnlich-physische Welt in einer ungeistigen Art hinein" (ebenda, S. 200). Nur wenige Eingeweihte am Sonnenorakel, dem Christusorakel, konnten das alte Geheimwissen unversehrt bewahren. In den anderen Gegenden blieben Reste des alten Bewußtseins erhalten und vermittelten die Erfahrung der übersinnlichen Welten (ebenda, S. 202).

Der Führer des Christus-Orakels schulte seine Schüler und sandte sie als Nachfolger der

„Christus-, Saturn-, Jupiter- usw. Eingeweihten. Diese sieben Eingeweihten wurden die Lehrer und Führer derjenigen Menschen, welche in der nachatlantischen Zeit den Süden von Asien, namentlich das alte Indien, besiedelt hatten" (ebenda, S. 202/203).

Ihre Weisheit prägte die erste nachatlantische Kulturepoche.

Die zweite nachatlantische Kulturepoche wird von den Urpersern gestaltet. Ihr großer Eingeweihter ist Zarathustra (er wird sich später in einem der beiden Jesusknaben inkarnieren).

Die dritte nachatlantische Kulturepoche prägen Chaldäer und Ägypter, es folgt die vierte der Griechen und Römer und die fünfte: unsere Neuzeit.

Nach der siebten nachatlantischen Kulturepoche wird die arische Wurzelrasse von einer neuen (der 6.) abgelöst werden . . .

In die Mitte der 4. nachatlantischen Kulturepoche fällt die Inkarnation des Christus in dem Menschen Jesus von Nazareth. Die Steinersche Einteilung ergibt somit, daß die Inkarnation des Christus gerade die Mitte der Zeit der arischen Wurzelrasse markiert. Die zentrale Stellung des „Mysteriums von Golgatha" in dieser selbstgeschaffenen Zeitrechnung soll wohl die besondere Bedeutung dieses Ereignisses ahnen lassen.

All diese phantastischen Erzählungen werden als Ergebnisse der geisteswissenschaftlichen „Forschung" vorgelegt. Steiner selbst bemerkt in diesem Zusammenhang:

> „Man macht ... leicht auf den Uneingeweihten, der sich von der Tatsächlichkeit einer besonderen Geisteswelt noch nicht durch eigene Erfahrung überzeugen kann, den Eindruck eines Phantasten, wenn nicht einen noch schlimmeren" (Aus der Akasha-Chronik, S. 17).

Hier ist Steiner beizupflichten! Allerdings – was geht denn in einem „Eingeweihten" vor, wenn er solche „Forschungsergebnisse" akzeptiert?

Der Unterschied zur naturwissenschaftlichen Hypothese der Menschenentwicklung sei um der Klarheit willen noch einmal herausgestellt: Wir haben es bei den Steinerschen Ausführungen von Anfang an mit dem Menschen zu tun und nicht etwa mit einem gemeinsamen Vorfahren von Mensch und Tier. Schon auf dem Saturn ist dieses Wesen Mensch. Und „von den Dingen und Geschöpfen, die gegenwärtig zur Erde gehören, und welche man dem Mineral-, Pflanzen-, und Tierreich zuzählt", war noch nichts vorhanden:

> „Die Wesen dieser drei Reiche haben sich erst in späteren Entwicklungsperioden gebildet" (Die Geheimwissenschaft im Umriß, S. 117).

In den früheren Weltkörpern „sind keine Bedingungen für die tierischen, pflanzlichen und mineralischen Wesen unserer Gegenwart" gewesen (ebenda, S. 119).

Es verhält sich vielmehr umgekehrt: Wäre der Mensch

„nicht in der Erdenevolution vorhanden, dann wären die Tiere
zum großen Teile nicht da; denn ein großer Teil, namentlich
die höheren Tiere, ist nur dadurch in der Erdenevolution entstanden, daß der Mensch genötigt war – ich spreche jetzt natürlich bildlich –, seine Ellenbogen zu verwenden. Er mußte auf
einer bestimmten Stufe seiner Erdenentwickelung aus seinem
eigenen Wesen, in dem damals noch ganz anderes war, als
jetzt in ihm ist, die höheren Tiere heraussondern, mußte sie
abwerfen, damit er weiterkommen konnte" (Allgemeine Menschenkunde, S. 53).

Steiner vergleicht die Tiere mit dem Bodensatz, der bei der
Erdenentwicklung ausgeschieden worden ist (ebenda,
S. 54).

Für die Erdevolution haben auch die menschlichen Leiber die allergrößte Bedeutung – sie wirken wie die Hefe im
Teig. Die Erdentwicklung wäre

„längst in ihren Endzustand hineingekommen, wenn ihr nicht
fortwährend die Kräfte des menschlichen Leichnams, der mit
dem Tode von dem Geistig-Seelischen abgesondert ist, zugeführt würde" (ebenda, S. 54). „Der Mensch übergibt der Erde
in seinem Leibe das Ferment, gleichsam die Hefe für die
Weiterentwickelung" (ebenda, S. 55).

Der Mensch in seinem derzeitigen Zustand mit seinen vier
Wesensgliedern ist ein Zwischenstadium der Entwicklung.
Im Bewußtseinszustand „Jupiter", der auf das Leben auf
der Erde folgt, wird der physische Leib fehlen, der Mensch
wird die Engelstufe erreichen. Alle Wesenheiten rücken
auf einer genau bezeichneten Hierarchie eine Stufe nach
oben, und unten beginnt eine neue Gruppe von Wesen im

Bewußtseinszustand des Saturn den Zyklus. Die beigefügte tabellarische Zusammenstellung nach einer Schautafel von Willy Conrad, Dornach, mag das verdeutlichen.

Es ist dieser Schautafel auch zu entnehmen, wie die Weltensysteme, also die jeweils sieben planetarischen Zustände, sich jeweils wiederholen.

Anthroposophie zeichnet also den Menschen ein in ein kosmisches Entwicklungsschema, in dem er sich vom mineralischen Bereich bis zur Serafim-Stufe fortentwickelt – Wesenheiten über sich und Wesenheiten unter sich habend.

Die geistige Welt erscheint so als ein höchst kompliziert gegliedertes Universum, in dem die jeweiligen Hierarchien an ihrer Vervollkommnung arbeiten.

Die sichtbare, physische Welt ist nur ein winziger Teilbereich, durchlebt und durchwoben von all den geistigen Wesenheiten. Steiners System erweist sich hier als eine klassische Metaphysik, gespeist aus vielfältigen philosophischen Quellen.

Hierarchie	A. Vorverklungenes Weltensystem							B. Verklungenes Weltensystem							C. Gegenwärtiges Weltensystem							D. Zukünftiges Weltensystem						
	Sa	So	Mo	Er	Ju	Ve	Vu	Sa	So	Mo	Er	Ju	Ve	Vu	Sa	So	Mo	Er	Ju	Ve	Vu	Sa	So	Mo	Er	Ju	Ve	Vu
Serafine						1.	2.	3.	4.	5.	6.	7.	8.	9.	10.	11.	12.	(13)										
Cherubime							1.	2.	3.	4.	5.	6.	7.	8.	9.	10.	11.	12.	(13)									
Throne								1.	2.	3.	4.	5.	6.	7.	8.	9.	10.	11.	12.	(13)								
Geister der Weisheit									1.	2.	3.	4.	5.	6.	7.	8.	9.	10.	11.	12.	(13)							
Geister der Bewegung										1.	2.	3.	4.	5.	6.	7.	8.	9.	10.	11.	12.	(13)						
Geister der Form											1.	2.	3.	4.	5.	6.	7.	8.	9.	10.	11.	12.	(13)					
Archai												1.	2.	3.	4.	5.	6.	7.	8.	9.	10.	11.	12.	(13)				
Erzengel													1.	2.	3.	4.	5.	6.	7.	8.	9.	10.	11.	12.	(13)			
Engel														1.	2.	3.	4.	5.	6.	7.	8.	9.	10.	11.	12.	(13)		
Mensch															1.	2.	3.	4.	5.	6.	7.	8.	9.	10.	11.	12.	(13)	

Die 12 Hierarchien entsprechen jeweils den Planetenstufen: nach jeder Planetenstufe steigt man auch in der Hierarchie.

Abk.: Sa = Saturn; So = Sonne; Mo = Mond; Er = Erde; Ju = Jupiter; Ve = Venus; Vu = Vulkan

Die Ziffern 1-12 zeigen die jeweiligen Bewußtseinsformen: 1 = mineralisch, 2 = pflanzlich, 3 = tierisch, 4-12 die Hierarchien vom Menschen bis zu den Cherubimen, 13 = Serafin-Zustand

Es ist also ablesbar, welche Wesen sich zu welcher Zeit in welchem Bewußtseinszustand befunden haben, bzw. befinden werden.

(Tabellarische Übersicht nach Willy Conrad, Dornach 1946)

49

IV. Das Menschenbild der Anthroposophie

1. Die vier Wesensglieder des Menschen

„Viele werden wissen, daß wir in dem heutigen Menschen ein Wesen haben, das aus vier Gliedern besteht. Es ist zusammengesetzt aus dem physischen Leib, dem Ätherleib, dem Astralleib (Träger von Lust und Leidenschaften usw.) und dem Ich, dem Träger des menschlichen Selbstbewußtseins. Die drei niederen Glieder . . . waren schon lange vor dem Ich vorhanden; das Ich ist am spätesten hineingegliedert worden in den Menschen" (Bibel und Weisheit, S. 18).

Während der Mensch den physischen Leib, den Ätherleib und den Astralleib „trägt" und keiner dieser Leiber „ist", so ist er

„im eigentlichen Sinne das Ich. Und das Ich ist es auch, welches Karma erleidet und Karma bildet" (Der Pfingstgedanke als Empfindungsgrundlage zum Begreifen des Karma, S. 1).

Die drei anderen Leiber sind lediglich „werkzeugliche Gestaltungen" (ebenda, S. 1). Die drei niederen Leiber entstehen durch Vererbung, sie werden weitergegeben in der Generationenfolge. Das Ich – und damit der eigentliche Mensch aber

„kommt unmittelbar aus der geistigen Welt heraus . . . Der Mensch wird aus dem Geiste heraus in den Leib hineingeboren".

50

Er wird

> „umkleidet mit seinem physischen Leibe, um in diesem phy-
> sischen Leibe Dinge zu erleben, die eben nur im physischen
> Leibe erlebt werden können" (Wie kann die Menschheit den
> Christus wiederfinden?, S. 13).

Steiner kann das Leben des Menschen beschreiben als ein
Verschwinden der „ganzen Fülle des menschlichen
Wesens" in den Leib hinein.

> „Der Mensch lebt sein physisches Leben hier auf der Erde,
> indem er sich nach und nach an den Leib verliert, um sich im
> Tode im Geiste wiederzufinden" (ebenda, S. 14).

Die allmähliche Zusammenfügung der Wesensglieder, die
im vorigen Kapitel beschrieben worden ist, wird vom Individuum im Laufe seiner Entwicklung nachvollzogen.

Im ersten Lebensjahrsiebt entwickelt sich der physische
Leib; in der Zeit zwischen Zahnwechsel und Pubertät, dem
zweiten Lebensjahrsiebt, entwickelt sich der Ätherleib; in
den folgenden sieben Jahren gelangt der Astralleib zu seiner vollständigen Ausbildung und im Anschluß daran das
Ich, das Bewußtsein.

Der Mensch gewöhnt sich so im Laufe der ersten Lebensjahrsiebte an seine verschiedenen Wesensglieder. Die
Aufgabe der Erwachsenen ist es, dem Heranwachsenden
„Inkarnationshilfen" zu geben. Diesem Ziel dient in besonderer Weise die Waldorfpädagogik.

Der jeweiligen Inkarnationsstufe entsprechen Verhal-
tensweisen des Kindes: Will das Kind in der ersten Phase
ein „nachahmendes Wesen" sein, so will es zwischen Zahnwechsel und Pubertät auf

„Autorität hin dasjenige aufnehmen . . . was es wissen, fühlen und wollen soll; und erst mit der Geschlechtsreife beginnt die Sehnsucht des Menschen, aus dem eigenen Urteil heraus sich mit der Umwelt in eine Beziehung zu setzen" (Allgemeine Menschenkunde, S. 139/140).

Die verschiedenen Wesensglieder haben ihre eigenen *Aufgaben* im Menschen: Der physische Leib ist die tote, materielle Hülle. Die einfachen Lebensfunktionen bewirkt der Ätherleib: atmen, verdauen usw. Der Astralleib ist der Träger des Begehrens, der Triebe und Affekte (Haß, Liebe, Zorn usw.). Erst das Ich, das Bewußtsein, macht den Menschen zum Menschen, ermöglicht das Wollen, das Vorstellen, das Denken. So sind die verschiedenen Tätigkeiten des Menschen auf die verschiedenen Wesensglieder verteilt – und zugleich ist damit eine Wertordnung gegeben, denn der jeweils später hinzugekommene Teil ist zugleich der höhere.

Jeden Leib eines Menschen umgibt eine Farbaura, die mit geschulten Augen wahrgenommen werden kann. Die Farbaura verändert sich, je nachdem welchen Entwicklungsstand der betreffende Mensch bereits erreicht hat. In „übersinnlicher Wahrnehmung", in einem „Seelenerlebnis", erscheint der Ätherleib z.B. in der Farbe einer Pfirsichblüte (Die Geheimwissenschaft im Umriß, S. 311/312).

Auch die „astrale Verkörperung des beobachteten Seelenzustands" hat wiederum bestimmte Farben: z.B. leuchtet die begehrende Seele „in der Mitte wie gelbrot . . . und am Rande wie rötlich-blau oder lila". Ist das Begehren befriedigt, wird man eine „geistige Flammenbildung bemerken, die in der Mitte als gelb sich fühlt und die wie mit einem grünlichen Rande empfunden wird" (Wie erlangt man Erkenntnisse der höheren Welten, S. 49/50).

52

Die astrale Seele hat ihre eigenen Organe: „Lotusblumen" oder „Räder" genannt. Der ganze „Seelenorganismus"

> „verläuft vom Innern des Kopfes bis zur Mitte des physischen Körpers. Es nimmt sich aus wie eine Art selbständiger Leib, welcher gewisse Organe hat. Diejenigen Organe . . . werden in der Nähe folgender physischer Körperteile geistig wahrgenommen: das erste zwischen den Augen, das zweite in der Nähe des Kehlkopfes, das dritte in der Gegend des Herzens, das vierte liegt in der Nachbarschaft der sogenannten Magengrube, das fünfte und sechste haben ihren Sitz im Unterleibe" (ebenda, S. 82/83).

Diese Lotusblumen haben jeweils eine verschiedene Zahl von Blütenblättern, sie sind – je nach Entwicklung der Seele – sehr unterschiedlich gefärbt.

Eine solche „übersinnliche" Sicht des Menschen ist allerdings nur dem Eingeweihten, bzw. dem Geheimschüler von einer bestimmten Stufe seines Erkenntnisweges an zugänglich, behauptet Steiner.

2. Vorstellung und Wille

Mit den Zeiten vor der Geburt bzw. nach dem Tod verbinden den Menschen in seiner Erdenzeit die seelischen Kräfte der Vorstellung und des Willens.

Über diese beiden Kräfte können – so behauptet Steiner – die üblichen Psychologien und Philosophien nichts sagen außer belangloser Begriffsklauberei, „darüber kann nur anthroposophisch orientierte Wissenschaft Auskunft geben" (Allgemeine Menschenkunde, S. 32).

53

Die Vorstellung hat immer Bildcharakter:

„Vorstellen ist Bild von all den Erlebnissen, die vorgeburtlich, bzw. vor der Empfängnis von uns erlebt sind ... Und so wie die gewöhnlichen Spiegelbilder räumlich als Spiegelbilder entstehen, so spiegelt sich ihr Leben zwischen Tod und neuer Geburt in dem jetzigen Leben drinnen, und diese Spiegelung ist das Vorstellen" (ebenda, S. 32/33).

Steiner sieht in der Vorstellungskraft des Menschen gar einen Beweis für das Leben vor der Geburt:

„Für wirklich Erkennende ist einfach das Vorstellen selbst ein Beweis des vorgeburtlichen Daseins, weil es Bild dieses vorgeburtlichen Daseins ist" (ebenda, S. 33).

Steiner argumentiert nicht, warum das so ist, er behauptet es und macht diese Behauptung zur Grundlage eines neuen Beweises: Aus der Behauptung, Vorstellen spiegele Bilder aus der vorgeburtlichen Zeit wider, wird ein Beweis für dieses Leben selbst abgeleitet.

Verweist die Vorstellung auf die vorgeburtliche Phase, so deutet der Wille auf die Zeit nach dem Tode hin: „Er ist nichts anderes, als schon der Keim in uns für das, was nach dem Tode in uns geistig-seelische Realität wird" (ebenda, S. 34). Der Wille geht über den Tod hinaus.

Steiner unterteilt das menschliche Seelenleben in zwei Gebiete:

„in das bildhafte Vorstellen und in den keimhaften Willen; und zwischen Bild und Keim liegt eine Grenze. Diese Grenze ist das ganze Ausleben des physischen Menschen selbst, der das Vorgeburtliche zurückwirft, dadurch die Bilder der Vorstellung erzeugt, und der den Willen nicht sich ausleben läßt und dadurch ihn fortwährend als Keim erhält" (ebenda, S. 34).

54

Die Zurückstrahlung geschieht in unbewußter Antipathie, die Verbindung mit dem Kommenden geschieht in Sympathie. Antipathie und Sympathie betreiben in uns ein fortwährendes „Wechselspiel" in einem beständigen Rhythmus (ebenda, S. 35). Aus der Antipathie entsteht das Gedächtnis, aus der Sympathie die Phantasie. Aus dem Gedächtnis schließlich geht der Begriff hervor und aus der Phantasie die Imagination.

Die von der Psychologie in vielfältiger Weise vertretene Auffassung, daß Begriffe durch Abstraktion vom Geschauten gebildet werden, verwirft Steiner als „Irrtum" (ebenda, S. 37).

Steiner bindet diese seelischen Vorgänge an physisch Leibliches: Alles, was in den Bereich der Antipathie gehört (also Vorstellung, Gedächtnis, Begriff), ist verbunden mit dem *Nervensystem*. Und das Keimhafte, das Wollen, die Sympathie, die Phantasie und die Imagination, all das ist verbunden mit dem *Blutsystem*. Denn das Blut hat die Tendenz, fortwährend geistig zu werden, die Nerven aber haben die Tendenz, das Geistige zu verleiblichen – behauptet Steiner.

So wird das Seelenleben scharf gegliedert, alles einander zugeordnet nach bestimmter Gesetzlichkeit und dazu mit dem physischen Leib in Verbindung gebracht.

Eine übergreifende Ordnung im Menschen ist hergestellt – eine Ordnung, die durch die Verbindung mit dem Vorgeburtlichen und dem Sein nach dem Tode zugleich den Menschen in größere Zusammenhänge einbettet.

3. Schlafen und Wachen

Besondere Aufmerksamkeit schenkt Steiner dem Schlafzustand:

> „Man kann das Wesen des wachen Bewußtseins nicht durchdringen ohne die Beobachtung desjenigen Zustandes, welchen der Mensch während des Schlafens durchlebt" (Die Geheimwissenschaft im Umriß, S. 61).

Im Schlaf verändert sich – nach „geisteswissenschaftlicher Erkenntnis" – der Zusammenhang der vier menschlichen Wesensglieder:

> „Das, was vom schlafenden Menschen auf der Ruhestätte liegt, enthält den physischen Leib und den Ätherleib, nicht aber den Astralleib und nicht das Ich. Weil der Ätherleib mit dem physischen Leibe im Schlafe verbunden bleibt, deshalb dauern die Lebenswirkungen fort. Denn in dem Augenblicke, wo der physische Leib sich selbst überlassen wäre, müßte er zerfallen. Was aber im Schlafe ausgelöscht ist, das sind die Vorstellungen, das ist Leid und Lust, Freude und Kummer, das ist die Fähigkeit, einen bewußten Willen zu äußern und ähnliche Tatsachen des Daseins" (ebenda, S. 62/63).

Alles was vom Astralleib oder vom bewußten Ich ausgeht, fehlt im Schlaf, denn beide haben, so sagt Steiner, den Schlafenden verlassen. Der Astralleib „und das in seinem Schoße befindliche Ich" (ebenda, S. 64), verbinden sich während der Schlafzeit wieder mit ihrer ureigenen Welt, dem geistigen Bereich, um dort neue Kraft zu erhalten, um dort Nahrung zu bekommen, die nötig ist, um die Aufgaben in der Verbindung mit physischem Leib und Ätherleib im Wachzustand durchzuführen.

Solange der Astralleib noch in einer lockeren Beziehung

zum Ätherleib steht, verursacht er die Träume des Schlafenden. Träume, in denen Sinnbilder entstehen aufgrund von Tagesereignissen oder inneren Vorgängen (ebenda, S. 68). Steiner folgert:

> „Man sieht: sofort, wenn die Sinne ihre Tätigkeit einstellen, so macht sich für den Menschen ein Schöpferisches geltend" (ebenda, S. 69).

Dieses Schöpferische hat während des Traumschlafes keine Beziehung mehr zu den Sinnesorganen, wohl aber zum Ätherleib. Bricht die Beziehung auch zum Ätherleib ab, fällt der Schläfer in einen traumlosen Tiefschlaf.

Während des Schlafes beginnt gleich nach der Lösung des Astralleibes eine „Arbeit von außen" am physischen Leib, „um die abgenutzten Organe zu erfrischen" (ebenda, S. 71). Aufgrund dieser Arbeit kann der Schlaf den erschöpften Organen und Körperteilen neue Kraft geben.

In seinen Vorträgen über das Johannes-Evangelium gibt Steiner eine abweichende Darstellung dessen, was im Schlafe geschieht. Danach verlassen Astralleib und Ich den Schläfer und höhere geistige Wesenheiten nehmen ihre Stelle ein:

> „Ihr Astralleib und Ihr Ich sind nicht in dem physischen Leibe und dem Ätherleibe, aber dafür ist ein anderes Ich und ein anderer astralischer Leib in Ihnen! Hier ist es, wo Sie vom Okkultismus aus auf das göttlich-geistige Sein hingewiesen werden, auf höhere geistige Wesenheiten. Während in der Nacht Ihr Ich und Ihr astralischer Leib heraus sind aus Ihrem physischen Leibe und Ihrem Ätherleibe, sind im physischen und Ätherleib der Astralleib und das Ich höherer göttlich-geistiger Wesenheiten tatsächlich tätig" (Das Johannes-Evangelium, S. 32).

Die Begründung, die Steiner für seine „wissenschaftliche Erkenntnis" gibt, ist ein typisches Beispiel dafür, wie seine Beweisführungen sich immer wieder gegenseitig stützen. Steiner begründet: auch in den früheren Bewußtseinsstufen haben physischer Leib und Ätherleib nicht allein existieren können, göttliche Wesenheiten mußten damals den Leib durchdringen. Daher könne es auch beim Schläfer nicht anders sein. Solche Begründung ist aber nur für den Überzeugten stimmig, der jene Entwicklungsgeschichte der Menschheit angenommen hat, nicht aber für einen Außenstehenden.

4. Tod, Reinkarnation und Karma

Wie das menschliche Leben durch das harmonische Zusammenwirken der vier Wesensglieder bestimmt ist, so ist der Tod gekennzeichnet durch ihr Auseinanderfallen. Schon im Schlaf trennen sich Astralleib und Ich, also die beiden höheren Wesensglieder, von Ätherleib und physischem Leib, den beiden niederen. Aber es bleibt eine gewisse Verbindung erhalten. Im Tod nun wird diese Trennung endgültig, und zusätzlich verläßt auch der Ätherleib den physischen Leib, so daß auch die elementaren Lebensfunktionen ein Ende finden. Sobald auch der Ätherleib den physischen Leib verläßt, bleibt der physische Leib „seinen eigenen Kräften überlassen und muß deshalb als Leichnam zerfallen" (Die Geheimwissenschaft im Umriß, S. 70). Nach dem Tod bleiben Ätherleib und Astralleib noch eine Zeitlang beisammen, allerdings nicht lange: „Die Dauer bemißt sich nach Tagen" (ebenda, S. 71). Der physische Leib bleibt also allein zurück, er ist nicht lebensfähig. Er treibt

aber in seinem Verfall die Erdentwicklung voran – indem er
die Stoffe, die er aus der Erde, aus der Materie aufgenommen hat, geläutert, weiterentwickelt, an die Erde zurück-
gibt.

Was geschieht nun nach dem Tod?

Astralleib und Ich bleiben auch nach der Loslösung des
Ätherleibes für eine Zeit der Läuterung beisammen. Beide
gelangen in das „Geisterland", das wiederum sehr vielfältig
geordnet ist mit verschiedenen Bereichen, in denen verschiedene geistige Wesen begegnen – und mit ihnen bestimmte Farb- und Tonwahrnehmungen. Hier ist das Ich
eigentlich daheim. Alles,

> „was der Mensch (in der Spanne zwischen Geburt und Tod,
> J.B.) an solchen Gedanken hegt, die eine Bereicherung in der
> physischen Welt bedeuten, das hat aus diesem Gebiete (des
> Geistigen) heraus seinen Ursprung" (Die Geheimwissenschaf-
> ten im Umriß, S. 86).

Der Mensch lebt nach seinem physischen Tod mitten unter
den gestaltenden Kräften selbst, die sich ihm nun in ihrer
eigenen, vorher verborgenen Gestalt zeigen. In den verschiedenen Gebieten „strömen ihm die Mächte zu", aus
denen Ätherleib, Astralleib herausgegliedert sind. Alles
wirkt zusammen mit dem,

> „was der Mensch als Frucht aus dem vorigen Leben mitge-
> bracht hat und was jetzt zum Keime wird. Und durch dieses
> Zusammenwirken wird der Mensch zunächst als geistiges
> Wesen aufs neue aufgebaut" (ebenda, S. 87/88).

So bleiben die „Individualitäten" also in der Zeit zwischen
Tod und neuer Geburt nicht auf dem geistigen Stand ste-

hen, den sie zum Zeitpunkt ihres physischen Todes erreicht hatten, sondern unter der Anleitung dieser höheren Wesen entwickeln sie sich weiter. Diese Entwicklung kann von der Erde aus beschleunigt werden, indem man den Verstorbenen Vorträge von Steiner vorliest! So wird behauptet:

> „In vielen Vorträgen hat Rudolf Steiner konkrete Anweisungen gegeben, wie wir uns mit den Verstorbenen, die uns im Leben nahestanden, in geistiger Realität übend verbinden können. Wir haben Meditationen für die Toten erhalten. Wir wissen, daß wir ihnen ‚vorlesen‘ können, nachdem wir uns ein Bild von ihnen vor unser Seelenauge gestellt haben, wie sie sich im Leben bis in die Sprechweisen, die Gesten, die Bewegungen verhielten" (J. v. Grone, Über die Verbindung mit Toten, S. 26/27).

So wurden z.B. die Apostel nach ihrem Tod weitergebildet und konnten die Kirchenführer und Theologen der kommenden Jahrhunderte inspirieren. (Aber warum haben sie es nicht in Richtung Gnosis getan, jener von Steiner als der Anthroposophie geistesverwandt gefeierten, von der Kirche aber ausgesonderten Bewegung?).

Dieser Aufgabe der Weiterbildung der Individualitäten nach dem Tode dient auch – in der Sicht der Schüler – der Tod Steiners! Er geht in die geistigen Welten, um dort zu lehren, nicht etwa um zu lernen:

> „Wir dürfen denken, wie Rudolf Steiners Wesenheit im geistigen Reiche unter jenen Seelen wirkt, die er auf Erden gekannt und geschätzt hat . . . Wir schauen, wie er sie nach dem Tode lehrt . . . was sie im Leben nicht lernen konnten" (A. Steffen, in: Goetheanum 1925/26, S. 37).

Um die weiterentwickelte Individualität, die unsterblich ist, bildet sich nach einer „gewissen Zeit" wiederum ein Astralleib herum, der Mensch kann von neuem geboren werden – in Steinerscher Terminologie: er betritt wiederum den „physischen Plan" bzw. er kann „durch eine Geburt gehen und in einem erneuten Erdendasein erscheinen" (Die Geheimwissenschaft im Umriß, S. 88).

Solange das Ich noch nicht soweit in seiner Entwicklung ist, daß es „von sich aus die im Ätherleib und physischen Leib verborgenen schaffenden Kräfte erzeugt hat", wird der Astralleib von weiter entwickelten Wesenheiten zu einem Elternpaar geleitet. Vor der neuen Geburt sieht das Ich ein Tableau des künftigen Lebens – wie nach dem Tode ein Tableau des vergangenen. Es sieht auch die Hindernisse wieder, die im vergangenen Leben nicht aufgearbeitet oder überwunden werden konnten. Diese Hindernisse werden zur Kraft für das neue Leben, die versucht, das im vergangenen Leben verursachte Unrecht jetzt wieder gutzumachen. So ist das neue Erdenleben geprägt von den Erfahrungen, von den Handlungen der letzten Inkarnationen. Diese Prägung ist das Karma:

„Alles, was ich in meinem gegenwärtigen Leben kann und tue, steht nicht abgesondert für sich da als Wunder, sondern hängt als Wirkung mit den früheren Daseinsformen meiner Seele zusammen und als Ursache mit den späteren" (Reinkarnation und Karma, S. 53).

In das Karma aufgenommen wird die persönlich zu verantwortende Schuld – im Gegensatz zur Erbsünde, deren Wurzeln in eine Zeit zurückreichen, in der der Mensch noch nicht mit einem verantwortlichen Bewußtsein ausgestattet war. Die selbst verantwortete Schuld muß durch wahres Erkennen und moralisch gutes Handeln abgegolten werden, damit das Ich sein Ziel erreicht: die Zurücklassung des Physischen und das Hineinwachsen in den göttlich-geistigen Bereich.

Für den Bereich des Geistigen – und damit für das Ich eines Menschen – postuliert Steiner eine schrittweise Entwicklung – wie sie in der Darwinschen Entwicklungslehre für das physische Leben angenommen wird. Von diesem Gedanken her stellt sich für ihn die Reinkarnation als eine „Naturgesetzlichkeit" dar, denn nur so lasse sich der geistige Fortschritt der Menschheit erklären, der ja nicht kontinuierlich von den Eltern auf ihre Kinder vererbt werde, aber auch nicht durch ein Wunder von genialen Einzelnen bewirkt werden könne.

Steiner argumentiert mit dem Beispiel Newton:

> „Man stellt sich doch vor, daß eine Tierart aus einer ähnlichen hervorgeht, die nur um einen Grad tiefer steht als sie. Also muß Newtons Seele aus einer solchen hervorgegangen sein, die ihr ähnlich, nur in seelischer Beziehung einen Grad tiefer ist als sie . . . Also verstehe ich das, was ich in Newtons Biographie umfasse, wenn ich es mir entwickelt denke aus dem Biographischen einer Seele, die ihr ähnlich, als Seele mit ihr verwandt ist. Demnach war Newtons Seele in anderer Form bereits da" (ebenda, S. 50).

Es klingt sehr logisch, was Steiner hier entwickelt, schlußfolgert mit „also" und „demnach". Bei näherem Hinsehen zerbricht dieser Eindruck aber. Denn was er als ein „Muß" folgert, ist keineswegs der einzig mögliche und daher zwingend gebotene Schluß. Hier werden Verknüpfungen behauptet und mit dem Etikett der Notwendigkeit versehen: „Für ein klares Denken gibt es kein Entrinnen aus dieser Anschauung" (ebenda, S. 50).

Wo liegt der Fehler? Nun, m.E. in der Behauptung einer strengen Gesetzmäßigkeit im geistigen Bereich, im Bereich der Persönlichkeit, des Individuums. Hier wird die Freiheit der Persönlichkeit, auf die Steiner und seine Anthroposophie doch sonst so großen Wert legen, eingeschränkt, wenn nicht sogar aufgegeben zugunsten der Einbindung in ein geistiges Gesetz, das die zwingende Kraft eines Naturgesetzes haben soll.

5. Das Ziel: die Höherentwicklung des Menschen

Das menschliche Leben auf der Erde ist weder zufällig noch sinnlos. Es ist ihm ein Auftrag mitgegeben: die Höherentwicklung. Steiners Menschenbild baut darauf auf, daß der Mensch in sich einen göttlich-geistigen Kern trägt:

> „Jeder Mensch trägt neben seinem . . . Alltagsmenschen in seinem Innern noch einen höheren Menschen. Dieser höhere Mensch bleibt so lange verborgen, bis er geweckt wird. Und jeder kann diesen höheren Menschen nur selbst in sich erwekken" (Wie erlangt man Erkenntnisse der höheren Welten, S. 24).

Den Weg zur Weckung dieses höheren Menschen will die Anthroposophie weisen, damit der Mensch sein Leben nicht verfehlt, seine Aufgabe nicht ungelöst läßt. Dieses „Hinaufentwickeln des Menschen der Gotteshöhe entgegen" (Das Matthäus-Evangelium, S. 232) geschieht nicht in einem einzigen Erdenleben, sondern dafür besteht die Möglichkeit der wiederholten Inkarnationen. Und diese Höherentwicklung ist mit dem Leben auf der Erde keineswegs abgeschlossen, sondern es folgen weitere planetarische Bewußtseinsstufen.

Für das Leben auf der Erde ist aber eine begrenzte Aufgabe gestellt, die der Mensch in der Folge der sieben Wurzelrassen zu bewältigen hat: Er soll sich mit der Kraft seines Ichs die drei unteren Wesensglieder aneignen und diese dabei umwandeln. In früheren Zeiten, bevor der Mensch sein Bewußtsein an die anderen Wesensglieder anlagern konnte, geschah das Arbeiten an physischem Leib, Ätherleib und Astralleib unbewußt, d.h. mit Hilfe göttlicher Kräfte. Jetzt aber, wo der Mensch sich der Kraft seines Ich bewußt geworden ist, ist es seine ureigene Aufgabe, die Umgestaltung mit eigenen Kräften vorzunehmen.

Diese neue Aneignung und Umwandlung beginnt mit dem Astralleib. In der gegenwärtigen Kulturstufe sind bereits Teile des Astralleibes verwandelt – Steiner nennt diese umgewandelten Teile das „Geistselbst". Wenn diese Entwicklung am Ende des Erdendaseins vollendet sein wird, sieht Steiner einen neuen Menschen:

> „Wenn einstmals der volle höhere Mensch entwickelt sein wird, dann wird der ganze astralische Leib so durchläutert sein, daß er zu gleicher Zeit Manas oder Geistselbst geworden sein wird; der Ätherleib wird so gereinigt sein, daß er, zugleich Lebensgeist oder Buddhi sein wird; und der physische Leib wird so weit umgewandelt sein, daß er, ebenso wahr, wie er physischer Leib ist, zugleich Geistesmensch oder Atma sein wird. Die größte Kraft wird dazu gehören, den niedersten Leib zu überwinden, und daher wird die Überwindung und Umwandlung des physischen Leibes den höchsten Sieg für den Menschen bedeuten" (Das Johannes-Evangelium, S. 129).

Die Kraft, die den Menschen zu dieser Umwandlung befähigt, ist der „Christus-Impuls".

6. Das Gehirn und der Ameisenhaufen

Es würde den Rahmen dieses Buches sprengen, wollten wir die Steinersche Physiologie, die für die anthroposophische Medizin nicht unwichtig ist, hier darstellen. Die befremdenden Gedanken über Blut und Nerven, über Kopf und Kehlkopf usw. sollen übergangen werden. Nur eins sei erwähnt: die Fortentwicklung des Gehirns im Verlaufe der oben geschilderten Weiter- bzw. Höherentwicklung des Menschen im Verlaufe des Bewußtseinszustands ,Erde'. Steiner vergleicht hier das Gehirn mit einem Ameisenhaufen oder einem Bienenstaat. Doch während das gewöhnliche menschliche Bewußtsein, das die menschlichen Tätigkeiten, seine kulturellen Leistungen usw. koordiniert bzw. ermöglicht, Bestandteil der physischen Welt ist, so ist beim Ameisenhaufen oder beim Bienenstaat dieses leitende Bewußtsein, das die Ordnung dort hervorruft, Bestandteil einer höheren Welt:

> „Den physischen Menschen findet man in der physischen Welt. Und seine physischen Organe, sein ganzer Bau sind so beschaffen, daß man sein Bewußtsein auch zunächst in dieser physischen Welt sucht. Anders beim Bienenstock oder Ameisenhaufen ... Hier muß man vielmehr sich sagen: um das ordnende Wesen des Bienenstockes oder Ameisenhaufens zu finden, kann man nicht in der Welt stehenbleiben, in welcher die Bienen oder Ameisen ihrem physischen Körper nach leben. Der ,bewußte Geist' muß da sofort in einer anderen Welt gesucht werden ... in einer übersinnlichen Welt." Aus der Akasha-Chronik, S. 106).

Ist diese Vorstellung schon merkwürdig genug, so kommt es noch eigenartiger.

„Es kann nun durchaus sein, daß ein solches Bewußtsein wie das des Bienenstocks oder des Ameisenhaufens in früheren Epochen seiner Entwickelung bereits in der physischen Welt war wie das jetzige menschliche, jedoch sich dann erhoben hat und nur die ausführenden Organe, eben die einzelnen Ameisen und Bienen, in der physischen Welt noch zurückgelassen hat. Ein solcher Entwickelungsgang wird beim Menschen in der Zukunft wirklich stattfinden . . .
Bei der höheren Entwickelung des Menschen wird in der Tat der gewöhnliche Zusammenhang der Gehirnmoleküle gelöst. Sie hängen dann ‚loser‘ zusammen, so daß ein Sehergehirn in einer gewissen Beziehung in der Tat mit einem Ameisenhaufen zu vergleichen ist, wenn auch automatisch die Zerklüftung nicht nachweisbar ist . . .
Ja, wie bei den Bienen drei Kategorien entstehen, Königin, Drohnen, Arbeiter, so entstehen in dem ‚Sehergehirn‘ drei Kategorien von Molekülen, eigentlich einzelner, lebendiger Wesen“ (ebenda, S. 107/108).

In dieser Richtung bewegt sich also die „Höherentwicklung“ des Menschen. Man kann nur staunen, wie intelligente Menschen unserer Zeit, denen der Glaube an den Gott der Bibel zu fremdbestimmt ist und unvereinbar erscheint mit ihrem sonstigen neuzeitlichen Weltbild, solche Dinge glauben können – vielleicht nur, weil sie unter dem Etikett „Wissenschaft“ dargeboten werden?

7. Das Menschenbild Steiners: Philosophie der Unfreiheit. Eine Beurteilung

Steiners Darstellung des Menschen hat sich weit entfernt vom Verständnis des Menschen, das wir in der Bibel finden. Da ist – am auffälligsten und am meisten genannt – jene Lehre von der Reinkarnation. Sie steht gegen die Aussage der Bibel, daß jeder Mensch Gottes einmalige Schöpfung ist – eine Person, unwiederholbar und einzig und nicht eine Zusammenstellung aus vergänglicher Hülle und immer wieder neu sich inkarnierendem Wesenskern. Die anthroposophische Begrifflichkeit kennt nicht ohne Grund an Stelle der Person die Persönlichkeit, die im Unterschied zur Person eben nicht nur jetzt, in diesem Leben vor uns steht, sondern früher auf Erden war und später wieder zurückkommen wird. Für Christen ist aber jeder Mensch als Person unendlich wertvoll, weil er als Gottes Ebenbild und als Bruder bzw. Schwester Jesu Christi vor uns steht – als ein Mensch, dessen Wohl und dessen Heil sich in diesem Leben entscheidet und nicht in der Folge von vielen Leben. Darum gilt unsere Sorge dem Gelingen dieses Lebens und der Entscheidung für Christus in dieser Zeit und nicht der Hilfe für einen besseren Start in der nächsten Verkörperung.

Aber auch die vierfache Gliederung des Menschen, seine Spaltung in recht selbständig agierende „Wesensglieder" mag theosophischen oder okkulten Vorstellungen entsprechen, nicht aber dem biblischen Menschenbild, das von der Ganzheit des Menschen ausgeht.

Entschiedener Widerspruch muß aber dem optimistischen Menschenbild Steiners entgegengesetzt werden.

Steiner traut dem Menschen viel zu: Aus eigener Kraft, mit Hilfe der in ihm selbst steckenden Kräfte soll er in der Lage sein, seine Schuld zu tilgen und sein höheres Wesen zu entwickeln. Dabei gibt es für die bewußt verursachte Schuld, die im Karma weiterwirkt, keine vergebende Gnade Gottes. Es gibt vielmehr als einzige Möglichkeit eines neuen Anfangs den guten Vorsatz des Menschen selbst:

„Der Geheimschüler muß lernen, über einen Mißerfolg nicht zu verzagen. Er muß zu dem Gedanken fähig sein: ich will vergessen, daß mir diese Sache schon wieder mißglückt ist, und aufs neue versuchen, wie wenn nichts gewesen wäre. So ringt er sich durch zu der Überzeugung, daß die Kraftquellen in der Welt, aus denen er schöpfen kann, unversieglich sind. Er strebt immer wieder nach dem Geistigen, das ihn heben und tragen wird, wie oft auch sein Irdisches sich als kraftlos und schwach erwiesen haben mag. Er muß fähig sein, der Zukunft entgegenzuleben, und in diesem Streben sich durch keine Erfahrung der Vergangenheit stören zu lassen" (Wie erlangt man Erkenntnisse der höheren Welten, S. 53).

Schon die Wortwahl zeigt: Hier ist heil-lose Gesetzlichkeit verkündet: Man *„muß"* lernen, *muß* zu einem Gedanken fähig sein, *„will"* vergessen, *„ringt sich durch"*, *„strebt"*, *„muß fähig sein"*. Forderungen – Appelle an Anstrengungen, der krasse Gegenpol zu einem Leben aus der Rechtfertigung allein aus Gnaden, allein aus Glauben. Auch hier können wir das Fazit ziehen: aufgebrochen, um die große Freiheit des Menschen zu verkünden, knechtet Steiner sich und seine Anhänger in tiefste Unfreiheit, in die angsterregenden Bindungen eines neuen Gesetzes, vor dem es kein Entrinnen gibt.

Natürlich kennt auch Steiner den Begriff „Gnade" – wir werden unten darüber nachzudenken haben, wo das Werk Jesu Christi Gegenstand der Darstellung wird. Aber die Gesetzmäßigkeit des Karma wird nicht aufgehoben. Hier gibt es keine Vergebung.

Das Menschenbild Steiners wird durch den Karma-Begriff vollständig rationalisiert. Mit dem „Karma" läßt sich alles erklären: Krankheit, früher Tod, Unglück, aber auch glückliches, gelingendes Leben. Es sind eben die Prägungen aus früheren Inkarnationen, die das Geschick des gegenwärtigen Lebens zu einem großen Teil mitbestimmen. Da ist weder Zufall noch das Eingreifen Gottes, sondern da ist das ewige Gesetz des Karma. Es begründet alles, bringt alles in Zusammenhänge, auch wo sie dem „normalen" Menschen nicht einsehbar sind.

Denn das ist das Vorteilhafte an der Karma-Argumentation: Sie läßt sich nicht nachprüfen. Und ist damit überall verwendbar. So wird der Anschein von Erklärung, von Wissenschaft, von Erkennen gewahrt, ohne daß die Spur einer Überprüfung möglich ist.

Als Christen dürfen wir aber an der Freiheit Gottes und seines Handelns mit uns Menschen festhalten . . . Wir glauben: Gott ist nicht eine machtlose, ehernen Gesetzen unterworfene Größe. Die Freiheit Gottes kann nicht angetastet werden – aus ihr erhalten wir Menschen unsere Freiheit. Eine Freiheit, die von Gott immer wieder neu bestätigt wird durch sein vergebendes Annehmen unserer Person trotz unserer Schuld. So leben wir aus dem Geist der „Freiheit eines Christenmenschen" – aus dem Geist der Kindschaft, nicht der Knechtschaft.

Die Botschaft des Neuen Testaments kennt keine Einschränkung dieser Freiheit und dieser befreienden Gnade Gottes durch irgendein unverrückbares Gesetz, durch Karma, durch die Folgen früherer Inkarnationen. Gerade vom protestantischen Erbe her müssen wir hellhörig sein und alle Gesetzlichkeit, alle Versuche, diese unbedingte Freiheit Gottes und die daraus abgeleitete Freiheit des Menschen anzutasten, meiden! Wir brauchen klare kritische Distanz zu all den ideologischen Angeboten, die uns versprechen, die Freiheit zu bringen.

Die Anthroposophie führt das Wort Freiheit gern im

Munde – aber das Menschenbild, das den einzelnen wie die ganze Menschheit einzwängt, zeigt in ein starres System von Gesetzen, scheint uns diese Freiheit nicht zu bringen, sondern die Freiheit des Evangeliums zu beschneiden.

V. Wer ist Gott?

Steiners Aussagen über Gott sind ebenso vielfältig wie verwirrend. Kaum einmal redet er von Gott, statt dessen spricht er lieber von „Göttern", vom „Göttlichen", „Geistig-Göttlichen", vom „großen Sonnengott" oder „Lichtgott", von den „Vätern in den Himmeln". Hinzu kommen Bezeichnungen wie „Ahura Mazdao", „große Mutterloge der Menschheit" usw. – Namen und Bezeichnungen für Gott, die den Eindruck erwecken, daß sich „das Göttliche" in vielen verschiedenen Zusammenhängen zeigt, daß dies aber für Steiner nicht der persönliche Gott ist, von dem Altes und Neues Testament berichten.

Dieser Eindruck wird zur Gewißheit, wenn wir Steiners Ausführungen über Jahve/Jehova und die Elohim näher betrachten.

1. Der Kosmos und die Götter

Für Steiner ist das ganze Universum durchwoben von geistigen Wesenheiten. Auch die Himmelskörper, Sonne, Mond und Sterne (die Erde eingeschlossen), sind nicht nur Materie, sondern sind zugleich belebte Wesen: Das Materielle an ihnen ist vergleichbar mit dem physischen Leib des Menschen, aber wie der Mensch selbst haben sie auch die ätherischen und astralischen Wesensglieder. Mit denen nehmen die Kräfte des Kosmos, die Götter, Wesenheiten oder wie Steiner sie immer benennen mag, intensiven Einfluß auf die Entwicklung der Erde und der Menschheit.

71

Die Sterne sieht Steiner an als „Seelenäußerung des Weltastralischen" – durch sie wirken Götter aus der astralischen Welt in den irdischen Bereich hinein, denn sie sind

„nicht glänzende Punkte, sondern Liebestrahlungen, wie das menschliche Liebestreicheln. Aber indem man dieses empfindet, das Göttliche in sich, das göttliche Weltenfeuer als das Wesen des Menschen aus ihm herausflammend, sich fühlend im ätherischen Weltenall, erlebend die Geistesäußerungen im astralischen Welten-Erstrahlen: Dann bringt das hervor in dem Menschen das innere Erleben des Geist-Erstrahlenden, zu dem der Mensch berufen ist im Weltenall". (Der Pfingstgedanke ... S. 15).

Auch die Sonne ist geistige Macht, sie hat nicht nur für die physische Entwicklung der Erde höchste Bedeutung, sondern auch für die geistige – ist sie doch nicht weniger als der „physische Leib des Logos", des göttlichen Wortes, das als Gottes Schöpferwort vor allem Geschaffenen bereits vorhanden war (nach Johannes 1):

„Das Sonnenlicht ist nicht bloß materielles Licht. Für die geistige Anschauung ist es ebenso das Kleid des Logos, wie Ihr äußerer physischer Leib das Kleid für Ihre Seele ist."
(Das Johannes-Evangelium S. 51).
„Wenn Sie aber durchdringen wollen zu dem Geistigen im Sonnenlicht, dann müssen Sie es so betrachten, wie wenn Sie von der leiblichen Seite eines Menschen aus das Innere kennenlernen. Wie Ihr Leib sich zu Ihrer Seele verhält, so verhält sich das Sonnenlicht zu dem Logos. In dem Sonnenlichte strömt ein Geistiges der Erde zu. Dieses Geistige ist, wenn wir nicht nur den Sonnenleib, sondern auch den Sonnengeist zu fassen vermögen, dieser Geist ist die Liebe, die herunterströmt auf die Erde ... mit dem physischen Sonnenlichte strömt die warme Liebe der Gottheit auf die Erde" (ebenda, S. 52).

Die Sonne besteht ja – nach Steiners okkulter Schau – aus feinstofflicher Substanz. Sie ist höher entwickelt als die Erde – da ist es nicht erstaunlich, daß auf ihr auch höher entwickelte Wesen wohnen. Es sind Wesen, denen nicht nur der Auftrag gegeben ist, Liebe zu verwirklichen, sondern die selbst die Fähigkeit haben, Liebe zu entzünden (ebenda, S. 53).

Sonne, Mond und Sterne – der ganze Kosmos – ist nicht nur eine entgötterte Materie, sondern ist Träger des Göttlichen, das im Menschen, in seinem göttlichen Funken, sein Gegenüber findet. Wie weit ist diese Auffassung doch entfernt von der nüchternen, entmythisierenden Sicht der Welt, wie wir sie im biblischen Schöpfungsbericht vor uns haben! Dort sind all diese kosmischen Erscheinungen von Gott geschaffene Dinge, die all der göttlichen Funktionen, die sie in der Umwelt, in Ägypten, Babylon, Kanaan gehabt haben, entkleidet wurden. Gott ist der Schöpfer, neben ihm gibt es keine anderen Götter oder Wesenheiten.

2. Die Elohim und Jahve: Wesenheiten der Sonne und des Mondes

Steiner verbindet die kosmischen Wesenheiten mit dem Gott des Alten Testamentes und mit Christus selbst. Die Sonnenwesen sind nicht irgendwelche höhere Wesenheiten, sondern es sind die Elohim (nach der nicht-anthroposophischen Übersetzung des Alten Testaments schlicht die Bezeichnung für „Gott"), die im Schöpfungsbericht 1. Mose 1 als Schöpfer genannt werden. Steiner gibt ihre Zahl mit sechs an. Sie gemeinsam sind der Logos, das schöpferische Wort Gottes, von dem auch der Anfang des Johannes-

Evangeliums spricht. Sie bilden die „Christus-Wesenheit", die später in den Leib des Jesus hinabsteigen wird (Das Johannes-Evangelium, S. 53 und 56).

Diese sechs Elohim lassen von der Sonne Liebe auf die Erde strömen (s.o.). Sie hatten ursprünglich einen siebten Gleichrangigen neben sich; der aber nahm abweichend den Mond zum Wohnsitz, um von dort zum Wohl der Menschen zu wirken: es ist Jahve (oder Jehova, wie Steiner auch häufig sagt):

> „Einer spaltete sich ab und ging einen anderen Weg zum Heile des Menschen, er wählte sich nicht die Sonne, sondern den Mond zu seinem Aufenthalte" (Das Johannes-Evangelium, S. 53).

Jahves Wirken diente der Vorbereitung für die Botschaft der Liebe, die die anderen sechs Elohim als Christus in die Welt bringen werden. Er strömte vom Mond aus „reife Weisheit" auf die Erde:

> „Jahve nennt man daher den Regierer der Nacht, der den Menschen vorbereitete auf die Liebe, die später während des vollen Tagesbewußtseins entstehen sollte" (ebenda, S. 54).
> „Der Mond ist das Symbolum für Jahve oder Jehova und die Sonne ist nichts anderes als das Symbolum für den Logos, der die Summe der anderen sechs Elohin ist." (ebenda, S. 55).

Steiners Sprache ist hier unpräzise: Einmal sind Sonne und Mond nur Symbol, an anderer Stelle sind Sonne und Mond geradezu die materiellen Verkörperungen dieser Gottheiten.

Jahve tritt an anderer Stelle in Steiners Werk als Erdengott auf, der im Prozeß seiner eigenen Entwicklung zum Mondgott wird. Hier stellt Steiner den Gott des Alten Testaments in die Reihe der Kultgottheiten der anderen alten Kulturen. Während die zarathustrische Religion „Chronologie" war („Zaruana akurana" – „Wirken der Zeit"), die ägyptisch-chaldäische „Astrologie", die griechisch-römische „Meteorologie" (Zeus kommt mit Blitz und Donner), erscheint – so Steiners Behauptung – der Gott des Alten Testaments als Erdengott – sein Wirken ist „Geologie": In allen Offenbarungen Jahves sieht er Erdenkräfte am Werk:

> „Wie tritt uns der Jahvegott entgegen? So tritt er uns entgegen, daß er das zum Menschen bilden will, was genommen wird von der Erde selber. Umhüllen will er mit einer neuen Hülle, mit der Erden Hülle das, was von den früheren Zeiten, von Saturn, Sonne, Mond herübergekommen ist." (Christus und die geistige Welt, S. 66).

Jahve formt aus Erde den Menschen, „das heißt aus den Kräften, aus den Elementen der Erde" (ebenda, S. 66). Durch seinen Hauch, den er diesem erderschaffenen Menschen mitgibt, verbindet er sich dauerhaft der Erde (ebenda, S. 67).

Auch in der Folgezeit wirkt Jahve, der Erdenherr, durch die Erdenkräfte, besonders durch das Wasser. Steiner verweist auf die Sintflut und auf die zahlreichen Erzählungen des Mose, die vom Wasser handeln. Ebenso wirkt Jahve durch Feuer – im brennenden Dornbusch wie auf vulkanischem Berg oder in der Feuersäule. Sein Fazit:

> „Alles das, womit die hebräische Weltanschauung sich umgeben fühlt, ist gebunden an die Kräfte, die von der Erde aus nach oben sich entfalten, die an die Erde gebunden sind" (Christus und die geistige Welt, S. 69).

Auch die hohe Bedeutung der Landverheißung gehört in

diesen Zusammenhang. Jahve fühlt sich, so Steiner, „als der die Erde geistig durchwaltende Gott" (ebenda, S. 69).

Jahve verbindet so Erde und Mond:

> „In den Mondefesten der Juden ist deutlich ausgedrückt, daß der ‚Herr der Erde' in seinem Abglanz symbolisch vom Mond herab erscheint" (ebenda, S. 97).

Diese Verbindung von Erde und Mond sieht Steiner vorgeprägt in der biblischen Schöpfungsgeschichte. Alles, was der Mensch aus seinen früheren Bewußtseinsstufen (Saturn, Sonne, Mond) mitgebracht hat auf die Erde, begegnet hier zusammengefaßt in „Eva". Mit Hilfe einiger spielerischer Buchstabenveränderungen geheimnißt Steiner „Eva" in „Jahve"/„Jehve" hinein – und kommt zu einem weitreichenden Ergebnis:

> Jahve, „der im Mond sein Symbol habende Lenker der Erde ... Der Erdenherr, verbunden mit der Erdenmutter, die in ihren Kräften ein Ergebnis der Mondentwicklung (= der Entwicklung des Menschen auf dem Mond, J.B.) ist ... Die Verbindung des Erdenherrn mit der Mondenmutter kommt uns schon im Namen Jahve entgegen" (ebenda S. 98).

„Mit dem Eingehen des Christus in die Erdenaura wird die hebräische Geologie gleichsam durchchristet" – in die Kräfte, die der Jahvegott entfesselt hatte, „zog der Christus ein und machte diese Kräfte selber zu etwas anderem" (ebenda, S. 74).

In dem Mysterium von Golgatha geschieht dieses Eingehen des Christus in die Erdenaura – die Erde wird nun zum Leib des Christus.

So wird Jahve von Christus überwunden, verwandelt, abgelöst. Jahve, der auch vorher schon all seine Kompetenz und Macht von Christus hatte:

76

„Christus lebte schon im Jehova, im Jahvegott; aber er lebte wie in seinem Abglanz. Wie das Mondenlicht das Sonnenlicht zurückstrahlt, so strahlt Jahve die Wesenheit, die dann im Christus lebte, zurück. Christus strahlte zurück sein Wesen aus dem Jahve- oder Jehovagott" (ebenda, S. 72).

Christus als der Sonnengott, als höchste Wesenheit, als die Summe der Elohim, steht damit weit über Jahve, der als Vorbereiter oder als Reflektor des Christus-Lichts verstanden wird. Hier sind wir nahe der alten gnostischen Idee vom Demiurgen, dem niederen Gott der Schöpfung und der Materie und des Gesetzes, der vom Christus als dem Gott der Liebe abgelöst wird. Diese gnostische Vorstellung hatte die Alte Kirche in den ersten Jahrhunderten ihres Bestehens abgelehnt und die Einheit des Gottes des Alten Testaments mit dem Gott des Neuen Testaments bekannt.

Hiervon ist die Kirche bis heute nicht abgerückt, es gehört zu ihren Grundelementen! Steiners Anthroposophie verläßt diese Grundübereinstimmung.

Neben Jahve treten zahllose andere geistige Wesenheiten, Engel und Mächte in vielen Rangabstufungen mit jeweils besonderen Kennzeichen und besonderen Aufgaben. Hier sei besonders auf die Erzengel verwiesen, die Steiner als „höhere Götter" im anthroposophischen Religionsunterricht der Waldorfschulen („Freier christlicher Religionsunterricht) gelehrt wissen möchte. Den Protestanten traut er nur zu, in ihrem Glauben die niederste Stufe jener geistigen Wesenheiten zu erreichen: Das Kind soll (im „freien" Religionsunterricht) unterscheiden lernen:

„zwischen dem Gott, von dem z.B. der Protestantismus spricht, der eigentlich nur der Engel ist, und zwischen dem Erzengel, der etwas Höheres ist als dasjenige, was eigentlich in der evangelischen Religionslehre überhaupt vorkommt" (E.A. Stockmeyer, Rudolf Steiners Lehrplan, S. 350).

Den Erzengeln weist Steiner besondere Aufgaben zu: Sie leiten jeweils gewisse Epochen der Erdentwicklung. So wurde im Jahre 1879 der Engel Gabriel durch Michael abgelöst – seither befinden wir uns in einem michaelischen Zeitalter. Laut Steiner soll in solchen Perioden der Erkenntniszuwachs stets besonders groß sein.

Bleiben wir aber bei Steiners Gottesbild. Jahve wird in all seinen Funktionen von Christus abgelöst, seit dem Mysterium von Golgatha hat er keine Aufgaben und damit keine Bedeutung mehr. Das Wirken Jahves ist nichts als eine Vorbereitung für das Wirken des Christus.

Steiners Aussagen über Gott gehen weit weg von dem, was die Bibel über Jahve sagt. Seine kosmischen Bezüge finden in den Schriften des Alten oder gar des Neuen Testaments keinerlei Anhaltspunkte. Die Kirchen haben von ihren Anfängen her solche Spekulationen in ihren Bekenntnissen abgewiesen.

Die Abwertung des Protestantismus und seines Gottesglaubens zeigt, wie sehr Steiner sich hier über die bisherigen Möglichkeiten stellt, einen Zugang zu Gott zu finden, wie sehr er seine „Erkenntnisse" über den Glauben stellt. Wir werden später noch darauf zurückkommen.

VI. Die alte Bibel und die neue Offenbarung

1. Das „Fünfte Evangelium"

Steiner ist bei der Erkenntnis „des Christus" nicht auf „äußere" Urkunden angewiesen, sondern er gewinnt seine Kenntnis durch direktes Schauen:

> „Daß die Anthroposophie oder Geisteswissenschaft nicht auf etwas anderem als auf den Quellen der Eingeweihten fußt, daß also weder das Johannes-Evangelium noch die anderen Evangelien Quellen ihrer Erkenntnis sind, muß immer strenge betont werden. Was heute erforscht werden kann ohne eine historische Urkunde, das ist die Quelle für das anthroposophische Erkennen" (Das Lukas-Evangelium, S. 20).

Und ähnlich:

> „Es ist wahr, für die geistige Forschung, wenn sie sich auf die Ereignisse der Vergangenheit erstreckt, gibt es nur eine Quelle. Diese Quelle liegt nicht in äußeren Urkunden ... Was wir zu lesen vermögen in der unvergänglichen Chronik, in der Akasha-Chronik, das ist für uns die Quelle für die geistige Forschung. Es gibt die Möglichkeit, das, was sich zugetragen hat, ohne äußere Urkunde zu erkennen" (ebenda, S. 21).

Und so sieht Steiner zwei grundverschiedene Erkenntniswege: Die äußere Forschung untersucht „äußere Dokumente", die geistige, esoterische Forschung die geistigen „Dokumente". Wem die letztere Möglichkeit, zur Erkenntnis zu gelangen, (noch) verschlossen ist, der kann fragen:

„Was wissen diejenigen Menschen zu sagen, die selbst für ihr geistiges Auge geöffnet haben jene unvergängliche Chronik, die wir die Akasha-Chronik nennen" (ebenda, S. 21).

Mit anderen Worten: den einen zu fragen und dessen Antworten autoritativ gelten zu lassen: Rudolf Steiner.

Und so nimmt er für sich die gleiche Christus-Unmittelbarkeit in Anspruch, wie Paulus sie vor Damaskus erlebte:

„Auf das geistige Gestandenhaben vor dem Mysterium von Golgatha in innerster, ernstester Erkenntnis-Feier kam es bei meiner Seelenentwicklung an" (Mein Lebensgang, S. 272).

Aus der Akasha-Chronik entnimmt Steiner – das „Fünfte Evangelium" oder die „neue Offenbarung".

„Dieses Fünfte Evangelium ist ja, wie Sie hören werden, in einer Niederschrift heute noch nicht vorhanden. Aber es wird gewiß in Zukunftstagen der Menschheit auch in ganz bestimmter Niederschrift vorhanden sein. In einem gewissen Sinne aber könnte man sagen, es ist dieses Fünfte Evangelium so alt wie die vier anderen Evangelien" (Das Fünfte Evangelium, S. 9).

Steiner beansprucht,

„jene Lücke durch das Fünfte Evangelium auszufüllen, welche in den vier anderen Evangelien geblieben ist. Ja, es ist unserer Zeit beschieden worden, noch genauer, man möchte sagen, jeden Schritt dieses Gotteslebens auf Erden kennenzulernen" (Weihnachtsfeier, S. 12).

Steiner bezieht sich wohl auf seine ausführlichen Schilderungen des Lebens Jesu bzw. der beiden Jesusknaben bis zum Zeitpunkt der Johannestaufe. Wir werden im nächsten Kapitel noch darauf zurückkommen.

In der Bibel findet Steiner zwei Hinweise auf solche neue Offenbarungen – sie sind für ihn zwar nicht Legitimation (eine solche braucht er nicht, s.o.), aber er möchte damit zweifelnde Kirchenchristen überzeugen. Es handelt sich einmal um das Abschiedswort Jesu nach dem Matthäus-Evangelium: „Siehe, ich bin bei euch alle Tage bis an der Welt Ende" (Mt 28,20) und um ein Wort aus dem Johannes-Evangelium: „Ich habe euch noch vieles zu sagen, aber ihr könnt es jetzt noch nicht tragen" (Joh 16,12).
Steiner kommentiert:

> „Das sind die Kleingläubigen, die ängstlich werden, wenn gesagt wird: Seht, das Christentum enthält noch größere Herrlichkeiten, als bisher mitgeteilt worden sind! Und diejenigen, die groß denken vom Christentum, sind die, die wissen, daß die Worte wahr sind, daß der Christus bei uns ist alle Tage, das heißt, daß er uns immer Neues offenbart und daß es recht ist, wenn bis zum Christusquell zurückgegangen wird. Dadurch lebt das Christentum als etwas Größeres, daß man ihm zumutet, daß es immer neuere und lebendigere Schöpfungen aus seinem Schoß hervorbringt. Diejenigen, die immer sagen: Ja, das steht nicht in der Bibel, das ist nicht wahres Christentum und Ketzer seien diejenigen, die von etwas anderem behaupten, es sei Christentum, diese sind zu verweisen darauf, daß Christus auch gesagt hat: ‚Ich habe euch noch vieles zu sagen, aber ihr könnt es jetzt noch nicht tragen'" (Erbsünde und Gnade, S. 23).

Diese Wertschätzung eigener „Quellen" der Anthroposophie führt zur Frage, welche Rolle denn in diesem Denken die Bibel spielt.

2. Die begrenzte Bedeutung der Bibel

Den Worten Steiners über ein „Fünftes Evangelium" bzw. eine „neue Offenbarung" entspricht notwendigerweise eine Relativierung der Bedeutung der Bibel für die Gottes- und Christuserkenntnis. Nicht die Bibel bzw. die Evangelien sind Maßstab für Steiners Christusbild, sondern es verhält sich umgekehrt:

> „Was die Geistesforschung heute ohne eine Urkunde finden kann über das Christus-Ereignis – zu jeder Stunde finden kann –, das finden wir in der großartigsten Weise im Johannes-Evangelium wieder. Und darum ist es eine so wertvolle Schrift, weil es uns zeigt, daß damals, als es geschrieben wurde, einer da war, der so geschrieben hat wie heute einer, der in die geistige Welt eingeweiht ist, schreiben kann" (Das Lukas-Evangelium, S. 20).

Ähnliches gilt von den anderen Evangelien:

> „Das müssen wir uns immer wiederum vor die Seele stellen, daß wir nicht aus den Urkunden schöpfen, sondern . . . daß wir dasjenige, was aus der Geistesforschung geschöpft wird, in den Urkunden wieder aufsuchen. Dadurch gewinnen die Urkunden einen erhöhten Wert, und wir können über die Wahrheit dessen, was in ihnen steht, aus unserer eigenen Forschung entscheiden" (ebenda, S. 22).

Also wird Steiners „Forschung" zum Maßstab darüber, ob die Bibel wahr ist oder nicht! Ja mehr noch – auch Christus selbst wird in seiner Wahrheit von Steiner begutachtet: den „ewig gegenwärtigen Christus" finden wir, „wenn wir ihn nur tief genug in unserer Seelenwesenheit suchen" – hat man ihn gefunden, so „hat man ihn vor anthroposophischer Forschung gerechtfertigt"! (Jesus oder Christus, S. 100). So wird die Autorität Gottes und Christi überboten von der Autorität Steiners!

Die Autorität der Bibel als Gottes Wort wird nicht als unüberholbares Zeugnis von Person und Werk Jesu Christi verstanden, sondern wird in ihrer Bedeutung für die Erkenntnis des „Geistigen" parallelisiert zu der Autorität, die vor Beginn der Neuzeit das „alte Buch" – Aristoteles – für die Erforschung der Natur gehabt hat. So wie Aristoteles zu Beginn der Neuzeit überwunden wurde durch direkte Erforschung der Naturphänomene, so wird nun auch – laut Steiner – die Bibel überwunden durch geisteswissenschaftliche „Erforschung" des Übersinnlichen, des geistig-göttlichen Bereichs:

> „Auf der einen Seite haben wir die alte Bibel, welche uns auf ihre Art die Geheimnisse der übersinnlichen Welt und deren Zusammenhang mit der Sinneswelt darstellt, und auf der anderen Seite haben wir durch die Geisteswissenschaft das, was der Forscher unmittelbar erfährt über diese übersinnliche Welt. Ist das nicht ein ganz ähnlicher Gesichtspunkt, wie er bei der Morgenröte der modernen Naturwissenschaft uns entgegentritt?" (Bibel und Weisheit, S. 11).

Diese Relativierung der Bibel, verbunden mit dem Anspruch, neuere, gültigere Offenbarung bzw. gültigere „Forschungs"-Ergebnisse zu präsentieren, durchzieht das ganze Werk Steiners. Es wird besonders prägnant ausgesprochen von H.E. Lauer in seinem Buch „Die Anthroposophie und die Zukunft des Christentums":

> „Nach der Auffassung der Konfessionen gilt als die einzige Quelle unseres Wissens von Christus die schriftliche und (für den Katholizismus auch) die mündliche Überlieferung. Zwar gibt man die Möglichkeit von ‚Privatoffenbarungen' Christi an einzelne Menschen durchaus zu. Aber über den Wert dersel-

ben entscheidet nach dieser Auffassung ihre Übereinstimmung oder Nichtübereinstimmung mit der in der Bibel niedergelegten Offenbarung... Die Bibel kann aber heute kein Maßstab mehr sein für ein Urteil darüber, welche Auffassung vom Christentum die richtige ist!" (S. 37 f.).

Und der Unterschied von Bibel und „neuer Offenbarung" wird als geradezu notwendig verkündet:

„Wir bedürfen also, wenn Christus heute mit uns leben soll, einer neuen, einer heutigen Form seiner Offenbarung. Wäre es verwunderlich, wenn diese mit der damaligen in einem gewissen ‚Widerspruch' stände? Und dürfte dieser ‚Widerspruch' als Argument gegen seine heutige Offenbarung geltend gemacht werden? Würde diese nicht vielmehr gerade durch diesen ‚Widerspruch' ihre Echtheit bezeugen? Denn wozu sollte sich Christus der heutigen Menschheit überhaupt von neuem offenbaren, wenn er in dieser neuen Offenbarung nur seine ehemalige in gleicher Gestalt wiederholte und nicht etwas Neues und Andersgeartetes zu jener hinzufügte, das dem Geiste unseres Zeitalters ebenso gemäß ist, wie die Art seiner früheren Offenbarung dem Geiste der damaligen Zeit entsprach?" (ebenda, S. 40).

Mit solchen Sätzen wird die Bibel ihrer Funktion als gültiger Offenbarungsquelle und zugleich als Maßstab all unseres Redens und Handelns enthoben. Der Spekulation ist Tür und Tor geöffnet! Wir werden gleich sehen, welche Folgen das für Steiners Christusbild hat.

3. Die Auslegung der Bibel

Wird die „neue Offenbarung" durch „Geistesforschung" und durch Entziffern der „Akasha-Chronik" zugänglich gemacht, so verwundert es nicht, wenn auch die alte Offenbarung, die Bibel, verstanden wird als Geheimschrift, die in ihrem tiefsten Sinn sich nur dem Eingeweihten erschließt.

> „Ein berufener Ausleger der Bibel kann nur derjenige sein, der dieselben Wahrheiten, welche die Bibel enthält, erst unabhängig von ihr zu gewinnen vermag ... So ist auch der nicht maßgebend, der mit philologischem Sinn an die Bibel herantritt, sondern nur der, der aus sich allein die Weisheit zu schöpfen vermag" (Bibel und Weisheit, S. 20).
>
> „So dürfen wir sagen, daß derjenige, welcher heute eindringen kann in die geistige Welt, wem der Einfluß der geistigen Welt zugänglich ist, die Bibel versteht. Ihm tritt aus der Bibel die Gewißheit entgegen, daß sie von Eingeweihten, von Inspirierten, verfaßt worden ist ... Und wer das erkennen kann, der erkennt auch, was sie da hineingeheimnißt haben" (ebenda, S. 20/21).

Steiners Schüler Walter Johannes Stein formuliert das so:

> „Um die Evangelien zu verstehen, muß man zwar kein Hellseher sein, wohl aber bei ihm oder bei einem, der des Hellsehers Forschungsresultate kennt, in die Schule gehen. Das hat die moderne Wissenschaft bis jetzt versäumt. Daher ist alles, was vorgebracht wird, historisch-philologisch sehr gelehrt, aber sachlich gänzlich dilettantisch. Man muß etwas verstehen von der Wissenschaft der Initiation, wenn man über die Evangelien etwas Sachgemäßes sagen will, denn die Evangelien sind Initiationsbücher" (Der Christus Jesus in der Lehre Rudolf Steiners, S. 26).

Es ist von diesem Ansatz her nicht verwunderlich, daß Steiner die Arbeit der kirchlichen Theologen nicht anerkennt, sondern sie – oftmals sehr polemisch – als unangemessen, als materialistisch und wenig hilfreich ablehnt. Steiner sieht in ihnen Vertreter einer überholten Weise des Umgangs

mit der Bibel – Schriftgelehrte, gegen die er Stellung bezieht als wahrer Nachfolger Christi:
Die Schriftgelehrten heute

> „sind die, welche nicht mehr mitgehen wollen mit der tieferen Erklärung der Evangelien, die da stehenbleiben wollen bei dem, was ihnen ihre ohne die Geisteswissenschaft erworbenen Fähigkeiten über die Evangelien sagen können . . . Denn die Kraft, um Evangelien interpretieren zu können, wächst einzig und allein auf geisteswissenschaftlichem Boden. Nur aus der Geisteswissenschaft ist die Wahrheit über die Evangelien zu gewinnen . . .
> In unserer Zeit würde es der Nachfolge des Christus Jesus nur entsprechen, wenn man den Mut fände . . . überall sich gegen diejenigen zu wenden, die den Fortschritt der Menschen zurückschrauben wollen, indem sie sich gegen die anthroposophische Interpretation der Schriftwerke auf der einen Seite und der Naturwerke auf der anderen Seite wenden" (Das Lukas-Evangelium, S. 178).

Klarer kann wohl der Absolutheitsanspruch einer Weltanschauung nicht formuliert werden. Das ist die Kampfansage an alle, die die Bibel anders verstehen, als er es tut.

Die Vorträge, die Steiner über die Evangelien gehalten hat, zeigen die Ergebnisse einer Auslegung, die eher die eigenen Spekulationen in die Evangelien „hineingeheimnißt", als daß sie den Versuch unternimmt, den Wortsinn der Bibeltexte zu verstehen.

Dabei betont Steiner immer wieder, wie sehr ihm daran gelegen ist, gerade den Wortsinn der Evangelien zu erfassen. „Gewöhnen wir uns nur daran, die Worte auf die Goldwaage zu legen" (Das Johannes-Evangelium, S. 98), ist eine oft wiederholte Formel, mit der dem Leser suggeriert werden soll, es ginge hier tatsächlich um eine wortgetreue Auslegung. Die Hintertür läßt Steiner sich allerdings offen: „Man muß nur den Buchstabensinn seiner Worte erst erforschen" (ebenda, S. 117). Der Wortsinn läßt sich also nicht direkt aus dem Text ablesen, sondern auch er ist erst dem „Geistesforscher" zugänglich. Hören wir einige Beispiele solcher Auslegung, in denen die Worte auf die „Goldwaage" gelegt werden – auf Steiners versteht sich: Wir lesen zu der Begegnung Jesu mit Nikodemus:

> „Es war aber ein Mensch unter den Pharisäern, mit Namen Nikodemus, ein Oberster unter den Juden, der kam zu Jesu bei der Nacht" (Joh 3,1.2).
>
> „Gewöhnen wir uns nur daran, die Worte auf die Goldwaage zu legen! Es wird uns angedeutet, daß Nikodemus zu Jesu ‚bei der Nacht' kommt, das heißt, daß er außerhalb des physischen Leibes dasjenige aufnimmt, was ihm da der Christus Jesus mitzuteilen hat. ‚Bei der Nacht', das heißt, indem er sich seiner geistigen Sinne bedient, kommt er zu dem Christus Jesus" (Das Johannes-Evangelium, S. 98).

So sieht also die „Goldwaage" aus! Steiner setzt voraus:

> „Wollte der Christus Jesus zu Menschen reden, die ihn verstehen konnten, so mußten es solche sein, die eingeweiht waren in einer gewissen Weise, die schon in einer gewissen Weise geistig sehen konnten" (ebenda, S. 98).

Auch damals – so Steiner – richtete sich Jesus schon an die Eingeweihten, nur von ihnen konnte er (ansatzweise) verstanden werden. Darum ist auch heute der Eingeweihte der wahre Interpret des Christus! Und die Steinersche Auslegung der Begegnung Jesu mit Nikodemus setzt die Anthroposophie voraus: Steiners „Erkenntnis" über Schlaf- und Wachzustand (s.o.)!

Ein weiteres Beispiel soll zeigen, daß es sich bei der vorigen Stelle nicht um einen willkürlich ausgewählten Einzelfall handelt.

Die Einsetzungsworte zum Abendmahl werden so ausgelegt:

„Der Christus ist der Geist der Erde ... Er darf sagen: Es ist, wie wenn ihr von eurem Leibe in eure Seele blickt. Drinnen ist eure Seele. Und so ist es auch, wenn ihr blickt auf das ganze Erdenrund. Was jetzt zeitweilig im Fleische hier vor euch steht, das ist derselbe Geist, der nicht nur in diesem Fleische zeitweilig ist, sondern der der Geist der ganzen Erde ist, und es immer mehr werden wird. – Er durfte hinweisen auf die Erde als auf seinen wahren Leib: ‚Wenn ihr die Halme seht und das Brot esset, das euch nährt, was eßt ihr in Wahrheit in den Ähren des Feldes? Meinen Leib eßt ihr! Und wenn ihr die Säfte der Pflanzen trinkt, was ist das? Das Blut der Erde ist es, mein Blut!‘ – Das sagte der Christus Jesus zu seinen intimsten Jüngern wörtlich, und wir müssen die Worte nur wirklich buchstäblich nehmen ...“ (ebenda, S. 125).

Ein letztes Beispiel soll Steiners Auslegung eines Verses aus der Passionsgeschichte sein (Joh 19,24). Zu den Worten des Evangelisten: „Und sie zerrissen sein Kleid, den Rock aber, den zerrissen sie nicht“, schreibt er:

„Hier haben Sie das Wort, das Ihnen Aufschluß gibt wie die Erde als Ganzes samt ihrer Lufthülle der Leib oder das Kleid und der Rock des Christus ist. In Kontinente und Gebiete ist das Kleid des Christus geteilt worden, nicht aber der Rock. Die Luft ist nicht geteilt worden, sie gehört allen gemeinsam. Sie ist das äußere materielle Symbolum für die den Erdkreis umspielende Liebe, die später sich realisieren wird“ (ebenda, S. 186).

Hier zeigt sich, wie Steiner seine anthroposophischen Gedanken in die Worte Jesu bzw. des Evangelisten hineinlegt. Mit verantwortungsvoller Auslegung, die den Text respektiert, hat das nichts mehr zu tun. Steiner allerdings behauptet, diese Art die Bibel auszulegen, sei nicht allegorisch (bildlich), wie in früheren Zeiten üblich, sondern wortgetreu. Nun, bei solch „wortgetreuer" Auslegung wundert es nicht, daß Steiner feststellt, daß sich der „wirkliche" Sinn der Evangelien „auch deckt mit der anthroposophischen Lehre" (ebenda, S. 117).

In diesem Zusammenhang sei erwähnt, daß Steiner nicht nur die Auslegung der Texte mit seiner „geisteswissenschaftlichen" Methode vornimmt, sondern daß er auch eigene Übersetzungen anfertigt, die mit dem griechischen Text, so wie ihn die wissenschaftlich geschulten Sprachforscher übersetzen – nichts mehr zu tun haben. Er schulmeistert alle Altphilologen, sie hätten wohl die Grundbegriffe der Sprachwissenschaft bei ihrer Übersetzung vergessen! Als besonders eindrückliches Beispiel dieser „Übersetzung" Steiners seien die Seligpreisungen Jesu aus der Bergpredigt aufgeführt. Sie werden der Übersetzung aus der Luther-Bibel in der Revision von 1975 gegenübergestellt.

Luther: Selig sind, die geistlich arm sind, denn ihnen gehört das Himmelreich.

Steiner: Selig sind, die da Bettler sind im Geist, denn sie werden in sich selber finden die Reiche der Himmel.

Luther: Selig sind, die Leid tragen; denn sie sollen getröstet werden.

Steiner: Selig sind, die da Leid auf sich nehmen, denn sie werden durch sich selbst den Trost in sich finden.

Luther: Selig sind die Barmherzigen; denn sie werden Barmherzigkeit erlangen.

Steiner: Selig sind, die da barmherzig sind, denn sie werden durch sich selbst Barmherzigkeit erlangen.
Luther: Selig sind, die reines Herzens sind; denn sie
werden Gott schauen.
Steiner: Selig sind, die Reinheit im Herzen haben, denn
sie werden durch sich selber Gott anschauen.

Diese Auswahl mag genügen. Steiner schreibt seine eigenen Vorstellungen vom Verhältnis des Menschen zu Gott
in den Text hinein, um sie dann als biblisch belegt zu präsentieren!

Noch einmal sei festgestellt: Steiner macht sich zum
Herren des Bibeltextes: einmal durch seinen eigenen,
unmittelbaren Zugang zu „geistigen" Quellen, den er behauptet, und der ihm die Fähigkeit gibt, die Bibeltexte in
bezug auf ihren Wert und Wahrheitsgehalt hin zu beurteilen, dann durch seine spekulative Auslegung der Texte, in
die er hineinsieht, was in seine Lehre paßt, und schließlich
durch eigenmächtige Veränderungen des Bibeltextes selber, mit denen er sich die für ihn brauchbaren Aussagen in
den Text hineinschreibt. In all diesen Punkten unterscheidet sich Steiners Umgang mit der Bibel von der Art und
Weise, wie der Bibeltext von Anfang an in der Kirche behandelt wurde: mit dem Versuch, durch kritische Überle-
gung und die Anwendung philologischer Methoden die
Form des Textes und seine geistigen wie gesellschaftlichen Hintergründe zu verstehen, sodann aber in der
Ehrfurcht vor dem, was uns in diesen Texten mitgeteilt
wird über das Handeln Gottes mit seinem Volk im Alten
wie im Neuen Bund. Dabei wird das eigene Denken und
Tun von der Botschaft Jesu Christi her kritisch befragt und
immer wieder korrigiert. Das gilt auch – vielleicht von eini-

gen extremen Versuchen abgesehen – von der so viel gescholtenen historisch-kritischen Theologie! Ein so willkürliches Vorgehen, wie Steiner es zeigt, stellt sich selber aus dem kirchlich-christlichen Rahmen hinaus.

4. Beurteilung

Mit der Behauptung einer Sonderoffenbarung, die über die Zeugnisse von Gott und Christus im Alten und Neuen Testament hinausführt, ja, die durchaus im Gegensatz dazu steht, verläßt Steiner den gemeinsamen Boden aller christlichen Kirchen, die in der Ökumene zusammenarbeiten. Da diese Sonderoffenbarung nicht neben, sondern über den bislang gültigen Offenbarungen steht, weil sie diese kritisiert, richtigstellt und beurteilt, ist der phantastischen Spekulation Tür und Tor geöffnet. Steiner und die Anthroposophie verlieren den kritischen Maßstab, der bislang in der Geschichte der Kirche immer wieder reinigend und erneuernd gewirkt hat: Jesus Christus, wie er vorgestellt wird in den Evangelien und in den anderen Schriften des Neuen Testaments. Der Hinweis auf die okkulte Quelle, aus der nur der eine die objektive Wahrheit zu entnehmen weiß, bietet keinen Ansatzpunkt mehr zu einer Beurteilung ihrer Aussagen: Da gibt es nur noch den bedingungslosen Glauben oder die Verweigerung dieses Glaubens. Äußerste geistige Unfreiheit, totale Abhängigkeit von dem Meister wird verlangt.

Es ist außerdem nicht einzusehen, daß eine Auslegungsmethode ihre Alleingültigkeit festschreibt. Ist denn die Bibel nicht mehr für den verständlich und hilfreich, der nicht durch jene komplizierten Spekulationen Steiners hindurchgegangen ist?

Darf sich ein Mensch mit seiner Anschauung zwischen den Glaubenden und Gott stellen, weil er behauptet: Nur so, wie ich es tue, wird die Bibel angemessen verstanden?

Diese Frage kann nur verneint werden!

VII. Jesus und Christus

1. Das Wesen und die Hülle

Wenn Steiner von Jesus Christus spricht, so spricht er in
der Regel von „dem Christus Jesus" – diese Namensform
mit dem Artikel soll wohl die Trennung von Jesus und
Christus hervorheben: Christus, der sich in Jesus inkarniert.
Wenn die Bedeutung Jesu Christi angesprochen ist, ver-
wendet Steiner mit Vorliebe die (sehr vage) Bezeichnung
„Mysterium von Golgatha" oder „Christus-Impuls" –
abstrakte Begriffe statt Nennung der Person, die wirkt.

Steiner trennt in der Tat Jesus und Christus. Der historische Jesus von Nazareth ist nur am Rande sein Thema – ihn
zu verstehen ist nur Vorstufe der wahren Erkenntnis, die
jetzt an der Zeit ist:

> „Weil die Menschen also gleichsam ganz vertraut werden
> sollten mit dem Christus Jesus als einem ihrer Brüder, . . . des-
> halb mußten eine Weile die Erkenntnis- und Liebeskräfte des
> menschlichen Gemütes gesammelt werden, um in rein
> menschlich-göttlicher Gedrungenheit, möchte ich sagen,
> anzuschauen dasjenige, was sich abspielte unter den Men-
> schen als der Anfang einer neuen, der christlichen Zeit. Dazu
> aber mußte die Kraft im Menschen gleichsam ganz hinkonzen-
> triert und hingelenkt werden auf das Leben des Christus Jesus,
> und mußte abgelenkt werden eine Zeitlang von dem Hinauf-
> blicken zu den geistigen Sphären auf dasjenige, was eingezo-
> gen ist in das Kind von Bethlehem, was heruntergestiegen ist
> aus den kosmischen Höhen. Heute aber leben wir in der Zeit,
> in welcher der Blick sich wieder weiten muß, wenn Menschen-

fortschritt und Menschenheit wirklich die Erde beherrschen sollen. Weiten muß sich dasjenige, was der Christus in dem Leibe des Jesus von Nazareth war, zu dem, was er ist: zu dem Leben der Erde herabsteigend aus göttlich-geistigen Höhen" (Weihnachtsfeier, S. 12).

Steiner verbindet das Kommen Christi mit seinen kosmologischen Spekulationen:

„Dieses Kind, zu dem wir hinblicken, ist ja die äußere Umhüllung desjenigen, was eben hineingeboren wird in den Raum . . ." (Der Pfingstgedanke, S. 10).

Diese äußere Hülle ist zwar sehr kunstvoll vor- und zubereitet – aber der Leib Jesu ist dennoch nicht mehr als eben Hülle, die das Entscheidende erst später in sich aufnimmt – den Christus.

2. Die zwei Jesusknaben

Nach Steiner geht aus den Evangelien wie aus den geistigen Quellen hervor, daß nicht ein Jesuskind, sondern zwei Jesusknaben geboren wurden. Von Herkunft und Geburt des einen spricht Matthäus, von dem andern spricht Lukas. Folgt man Steiners Ausführungen, so ist dies die einzig logische Weise, die Widersprüche der beiden Evangelienberichte aufzulösen.

94

2.1. Der salomonische Jesusknabe

Den Jesusknaben des Matthäus-Evangeliums nennt Steiner den salomonischen, den des Lukas-Evangeliums den nathanischen Jesus – jeweils aufgrund des Stammbaums: einmal wird der Davidsohn Salomo, das andere Mal der Davidsohn Nathan aufgeführt. Beide Jesusknaben haben eine Maria und einen Josef als Eltern. Der Matthäus-Jesus ist eine Inkarnation des Zarathustra, der Lukas-Jesus eine Inkarnation des Buddha.

> „Da haben wir die Kraft des in der vorchristlichen Zeit weisesten Menschen, des Zarathustra, in dem einen Jesusknaben. Wir haben des andern Aura durchhellt und durchleuchtet von dem, was von Buddha ausgegangen ist" (Weihnachtsfeier, S. 34).

Zarathustra hatte nicht nur seinen innersten Wesenskern, sondern auch seinen Astralleib und seinen Ätherleib so „mit seiner ganzen Wesenheit" „durchdrungen", daß sie erhalten blieben und zwei Schülern bei deren Reinkarnation gegeben wurden: Der Astralleib dem ägyptischen Hermes oder Thoth, der Ätherleib dem Mose (Das Matthäus-Evangelium, S. 40 und 42):

> „In einer geheimnisvollen Weise ist in den religiösen Urkunden, die wirklich auf Okkultismus aufgebaut sind, alles enthalten, was uns auf solche Geheimnisse, wie sie die okkulte Forschung lehrt, hinweisen kann ... Bevor er (= Mose) die entsprechenden Eindrücke aus der Umgebung wie ein anderer Mensch erhalten sollte, ... mußte in seine Wesenheit infiltriert werden, was er als ein Wunder-Erbstück von Zarathustra erhalten sollte. Das wird erzählt in jener Symbolik: daß er in ein Kästchen gelegt und in den Fluß versenkt worden ist, was sich

wie eine merkwürdige Initiation ausnimmt. Eine Initiation besteht ja darin, daß ein Mensch abgeschlossen bleibt für eine bestimmte Zeit von der Außenwelt . . . Damals also, als Moses so abgeschlossen war, konnte ihm in einem bestimmten Moment der aufbewahrte Ätherleib des Zarathustra einverleibt werden" (ebenda, S. 42/43).

Zarathustra selbst inkarnierte sich zur Zeit der babylonischen Gefangenschaft der Juden im Zweistromland und wurde als „Zarathas" oder „Nazarathos" Lehrer der Verbannten. Auch wurde er dort der Lehrer der „initiierten Schüler Chaldäas" – deren spätere Vertreter, die „Weisen", um die Inkarnation des Lehrers wußten und zum Stall nach Bethlehem zogen. Dieser Zarathustra gab also sein Ich in den salomonischen Jesusknaben. Im 12. Lebensjahr kam es zu einer „Ich-Umwandlung". Das zarathustrische Ich ging in den nathanischen Jesus-Knaben hinein – der von seinem Ich verlassene Jesus starb. Diesen ganzen Vorgang bezeichnet Steiner als „aus unseren anthroposophischen Voraussetzungen heraus leicht verständlich" (Christus u.d. geistige Welt, S. 45).

Damit sich Zarathustra aber so inkarnieren konnte, daß er sein Ich zur höchsten möglichen Ausformung bringen konnte, mußte der Leib auf besondere Weise bereitet sein. Ausgehend von Abraham, entfalteten sich die Anlagen, die in dem Stammvater keimhaft angelegt waren, in dreimal 14 Generationen zur höchsten Vollkommenheit:

„Sollte nun diejenige Wesenheit, die wir als die Individualität des Zarathustra kennengelernt haben, einen möglichst vollkommenen physischen Leib, der auch diejenigen Organe hatte, die ein Werkzeug sein konnten zum Erfassen des Gottesgedankens im physischen Menschenleibe, dann mußte auf die

96

höchste Höhe gebracht werden, was als physisches Werkzeug dem Abraham eingepflanzt worden war. Es mußte innerlich sich befestigen, mußte sich vererben ... Es mußte alle drei Hüllen nach und nach vervollkommnen durch physische Vererbung" (Das Matthäus-Evangelium, S. 74).

Wie die Entwicklung eines jeden „Leibes" beim einzelnen Menschen jeweils sieben Jahre währt, so vervollkommnet sich in der Vererbung eine jede solche „Hülle" in jeweils 7 Vererbungen – und da es laut Steiner ein Gesetz ist, daß die Vererbung jeweils eine Generation ausläßt – also von der ersten auf die dritte, weiter auf die fünfte usw. springe, bedürfe die Vervollkommnung jedes „Leibes" 14 Generationen – und nur so sei der Stammbaum Jesu in Mt 1 richtig zu verstehen: Die dreimal vierzehn Generationen stehen für die Vervollkommnung von physischem, ätherischem und astralischem Leib des Abraham.

Was aber zeichnet Abraham in so besonderer Weise aus?

„Abraham (ist) derjenige, der zuerst den inneren Abglanz der göttlichen Weisheit, des göttlichen Schauens, in so recht menschlicher Weise, als menschliches Denken über das Göttliche entwickelt. Abraham hatte tatsächlich, was die okkulte Forschung immer zu betonen hat, eine andere physische Organisation als alles, was sonst an Menschen um ihn herum lebte. ... Abraham ist in der Tat der erste, der in vorzüglicher Weise das physische Werkzeug des Denkens ausgebildet hatte. Daher wird er nicht mit Unrecht ... als der Erfinder der Arithmetik bezeichnet ... (Er) hat zuerst eingepflanzt erhalten das physische Organ des Denkens! (Das Matthäus-Evangelium S. 74 f.).

Dieses Organ wurde in der Folge der 42 Generationen vervollkommnet.

Am Ende „war erlangt worden, daß mit dem Letzten in der Generationsfolge eine Blutmischung zustande gekommen war, die sich nach den Gesetzen der Sternenwelt, der heiligen Mysterien vollzogen hatte. Und in dieser Blutmischung, welche die Zarathustra-Individualität brauchte, um das große Werk auszuführen, war eine innere Ordnung, eine Harmonie, die einer der schönsten, der bedeutsamsten Ordnungen des Sternensystems entsprach ... Dieses Blut, das da durch Generationen hindurch gebildet wurde, war so gemischt, wie die Ordnungen des Kosmos geregelt sind. Das alles liegt zugrunde jener bedeutsamen Urkunde, welche wir jetzt, wenn ich so sagen darf, in einer abgeschwächten Form in dem Evangelium nach Matthäus vor uns haben" (ebenda, S. 86).

Nun – ein kleiner Einschub sei hier gestattet. Man mag zu aller okkulten Spekulation über die Zahl 42 (= dreimal 14) stehen wie man will – ein kleiner trivialer Einwand vermag Steiners kosmischen Höhenflug abrupt zu beenden: wir haben im Matthäus-Evengelium nicht 42, sondern nur 41 Generationen aufgeführt! Zwar weigert Steiner sich mit Emphase, in den Urkunden „jene Trivialitäten (zu) sehen, welche so gerne darin gesehen werden" – manchmal können Trivialitäten jedoch wieder auf den Boden der Realität zurückführen! Seitenlange Spekulationen – hinfällig!

2.2 Der nathanische Jesusknabe (Lukas 2)

Ist die Vorgeschichte des salomonischen Jesusknaben nach Steiner noch „leicht verständlich", so liegen die Verhältnisse beim nathanischen Jesusknaben, von dem Lukas berichtet, weit komplizierter.

„Es ist nämlich kein ‚Menschenwesen', wie andere Menschenwesen sind, im strengeren Sinne des Wortes. Wir haben es zu

98

tun mit einem Wesen, bei dem wir nicht davon sprechen können, daß es vorher als Mensch in diesem oder jenem Individuum auf der Erde inkarniert war" (Christus und die geistige Welt, S. 45).

Zwar hatte dieses „Wesen" auch vor seiner Geburt als Jesus von Nazareth Beziehung zur Erdenentwicklung, jedoch sind sie nicht zu finden

„innerhalb dessen, was die physische Erdenentwickelung darbieten kann, sondern wir müssen sie in den geistigen Reichen suchen, in demjenigen, was vorher nicht irdisch war" (ebenda, S. 46).

Die „Geisteswissenschaft" ergibt, daß die „Wesenheit", die später der nathanische Jesusknabe wurde, bereits dreimal vorher von der Christus-Wesenheit durchgeistigt bzw. durchseelt wurde. Dies geschah in der lemurischen und in der atlantischen Zeit – und spiegelte sich in Mythologie und Religion der ersten vier nachatlantischen Epochen.

Es war

„diese übermenschliche Wesenheit, welche in der geistigen Welt lebte, welche sozusagen den Jammer des menschlichen Sinnessystems um Hilfe hinaufschreien hörte zu den geistigen Welten und die durch das, was sie da durch diesen Hilfe- und Jammerschrei der Menschheit empfand, sich geeignet machte, durchdrungen zu werden von der Christus-Wesenheit" (ebenda, S. 49).

Die Folge dieser ersten Durchgeistung war, daß „die kosmischen Kräfte, die hereinströmten zum Aufbau der Sinne", verwandelt wurden – „in der Art, daß diese Sinne aus bloßen Sympathie- und Antipathieorganen zu den Organen wurden, welche die Menschheit dann brauchen konnte" (ebenda, S. 49).

In der atlantischen Zeit war wieder eine Fortentwicklung nötig – und diese „Wesenheit" zog jetzt von Planet zu Planet, „berührt in ihrem Innersten von der Unmöglichkeit, die Menschheitsentwickelung so weitergehen zu lassen" (ebenda, S. 51).

Die neue Durchdringung mit der Christus-Wesenheit führt dazu, daß die neu hinzugefügten Lebensorgane des Menschen nicht mehr – wie von den Mächten des Bösen geplant – maßlos und damit unbrauchbar wurden, sondern sie erhielten die Mäßigung eingepflanzt. Und noch ein drittes Mal wirkte diese Wesenheit zugunsten der Menschheit: Waren bislang die Lebensorgane gut eingerichtet worden, so bezieht sich das dritte Eingreifen auf die Ordnung der Seelenorgane: des Wollens, Denkens und Fühlens.

„Und nun nahm die Seele jenes Wesens das später zu dem nathanischen Jesus wurde, eine solche kosmische Seelenform an, daß sein Leben gewissermaßen weder auf der Erde noch auf dem Monde noch auf der Sonne war, sondern so, daß es sich gleichsam die Erde umkreisend, abhängig fühlte von den Einflüssen von Sonne, Mond und Erde zugleich ...
Das hellseherische Bewußtsein sieht eigentlich dieses Wesen, wenn ich so sagen darf, in der Blütezeit seiner Entwickelung in derselben Sphäre, in der der Mond um die Erde kreist" (ebenda, S. 52).

Und wieder „rief er auf sich herab den hohen Sonnengeist, der sich jetzt, zum drittenmal ihn durchgeistigend, auf ihn herniederließ" (ebenda, S. 53).

Wir wollen hier die „Spiegelungen" oder „Abschattungen" dieser drei „Durchgeistigungen" in der Mythologie der folgenden nachatlantischen Zeit übergehen – die Zeitgötter, die Planetengötter, den Apollo. Deutlich wird, wie universal diese Vorbereitungen der Geburt des nathanischen Jesusknaben gewesen sein sollen, wie gerade die ihm auch später zugeschriebenen Eigenschaften des unendlichen Mitleids, der fühlenden Liebe bereits in den vor- und außerirdischen Existenzweisen in ihm wirkten. Nach Steiner ist aber der „Buddhismus die reinste Lehre des Mitleids und der Liebe".

> „Von dem Punkte der Welt aus, wo Buddha gewirkt hat, strömt ein Evangelium der Liebe und des Mitleides auf alle Wesen der Erde aus" (Das Lukas-Evangelium, S. 53).

Im Lukas-Evangelium findet Steiner den „reinsten, echtesten Buddhismus" – der nathanische Jesus ist durchdrungen von der Kraft des Buddha, als er in Bethlehem geboren wird (ebenda, S. 53).

Wie beim salomonischen Jesus, so ist auch hier der Leib auf besondere Weise vorbereitet: Steiner deutet die Ahnenreihen auf seine Weise. Dem Elternpaar mußte ein

> „Kind geboren werden, das von ganz besonderer Art war, ein Kind, das Jugendkraft, das Kindheitskräfte von ganz besonderer Art schon mitbrachte und dieselben in der Stärke, in der es sie mitgebracht hat, frisch und gesund nach jeder Richtung erhielt" (ebenda, S. 79).

Unter gewöhnlichen Verhältnissen ließ sich so ein Kind nicht finden – darum greift (nach der Akasha-Chronik) die „große Mutterloge der Menschheit, die der große Sonnen-Eingeweihte, der Manu, lenkt", ein.

> „In das Kind, das dem Elternpaare geboren wurde, das im Lukas-Evangelium Joseph und Maria genannt wird, wurde hineingesenkt eine große individuelle Kraft, die gehegt und gepflegt worden war in der großen Mutterloge, in dem großen Sonnenorakel" (ebenda, S. 88).

Welche Individualität war das? Es waren Kräfte des „Hauptpaares" Adam und Eva, die man nicht „hinunterfließen" ließ durch die Geschlechterreihe.

„Den physischen Leib mußte man durch alle Geschlechter herunter sich fortpflanzen lassen, aber von dem Ätherleib behielt man in der Leitung der Menschheit etwas zurück ... Dieser noch unschuldige Teil des Adam wurde aufbewahrt in der großen Mutterloge der Menschheit ... Das war sozusagen die Adam-Seele, die noch nicht berührt war von der menschlichen Schuld, die noch nicht verstrickt war in das, wodurch die Menschen zu Fall gekommen sind. Diese Urkräfte der Adam-Individualität wurden aufbewahrt. Sie waren da, und sie wurden jetzt als ,provisorisches Ich' dahin geleitet, wo dem Joseph und der Maria das Kind geboren wurde, und in den ersten Jahren hatte dieses Jesuskind die Kraft des urspünglichen Stammvaters der Erdenmenschheit in sich" (ebenda, S. 89).

So wurde ein Jesusknabe in Bethlehem geboren – gleich nach der Geburt vernahm man „eigentümliches Sprechen",

„das nur die Mutter verstehen konnte, das keiner Sprache glich, das auch der Knabe sogleich verlernte, als Erdenbewußtsein in ihm auftauchte. Aber es war ein Aussprechen eines Geheimnisses unmittelbar nach der Geburt. Im Grunde genommen ist vieles von dem, was wir über das Christus-Mysterium zu enthüllen haben, eine Auslegung dessen, was der Lukas-Jesusknabe unmittelbar nach seiner Geburt gesprochen hat" (Weihnachtsfeier, S. 35).

102

2.3 Die Kindheit der beiden Jesusknaben

Die beiden Jesusknaben wurden im Abstand von einigen Monaten geboren. Der Jesus aus dem Lukas-Evangelium blieb ein Einzelkind, der Jesus, von dem Matthäus berichtet, hatte dagegen Geschwister (Das Lukas-Evangelium, S. 97).
Der Jesus, der die

> „Zarathustra-Individualität in sich birgt, entwickelt nach und nach mit einer ungeheuer schnellen Reifung diejenigen Kräfte, die es entwickeln muß, wenn eine so mächtige Individualität in dem Körper tätig ist" (ebenda, S. 108).

Das andere Jesuskind

> „wuchs so heran, daß es die gewöhnlichen menschlichen Eigenschaften, die sich auf Verstehen und Erkennen in der äußeren Welt beziehen, außerordentlich langsam entwickelte. Der triviale Mensch würde gerade dieses Jesuskind ein ‚verhältnismäßig zurückgebliebenes Kind' genannt haben" (ebenda, S. 109).

Jedoch dieses Kind entwickelte

> „eine Tiefe der Innerlichkeit, die sich mit nichts an Innerlichkeit in der Welt vergleichen läßt" (ebenda, S. 109).

Beide Kinder wuchsen auf „in unmittelbarer Nachbarschaft und unter den freundschaftlichen Beziehungen der Eltern" (ebenda, S. 109). Bis zum 12. Lebensjahr geschah nichts Besonderes. Da nahmen die Eltern des Lukas-Jesus den Sohn mit nach Jerusalem. Im Evangelium wird berichtet, wie der Zwölfjährige – von den Eltern vermißt – unter den Gelehrten sitzt und mit ihnen diskutiert. Als die Eltern ihn finden, wundern sie sich. Hinter dieser kleinen Geschichte verbirgt sich – so entnimmt Steiner seiner Akasha-Chronik – ein gewaltiges Ereignis:

> „Jene Ichheit, die bis dahin als Zarathustra-Ichheit den Körper des Jesus aus der königlichen Linie des davidischen Geschlechtes gebrauchte, um auf die Höhe seiner Zeit zu kommen, drang aus dem Körper des salomonischen Jesusknaben heraus und übertrug sich auf den nathanischen Jesus, der daher wie ein Verwandelter erschien. Die Eltern erkannten ihn nicht wieder, sie verstanden seine Worte nicht" (ebenda, S. 110).

Steiner will seine Leser glauben machen, daß eine solche Verwandlung nichts Besonderes sei:

> „Es kommt vor, daß eine Individualität auf einer gewissen Entwickelungsstufe andere Bedingungen braucht, als sie ihr von Anfang an gegeben wurden. Daher kommt es immer wieder vor, daß ein Mensch bis zu einem gewissen Lebensjahr heranwächst – und dann auf einmal in Ohnmacht fällt und wie tot ist. Da geht dann eine Umwandlung vor sich: Es verläßt ihn sein eigenes Ich, und ein anderes Ich nimmt in seiner Körperlichkeit Platz. Eine solche Umlagerung des Ich findet auch in anderen Fällen statt: das ist eine Erscheinung, die jeder Okkultist kennt" (ebenda, S. 110).

Dem Leser wird hier suggeriert, ein solcher Austausch der Persönlichkeit sei eine allseits anerkannte und bekannte Angelegenheit. Mit solch pauschaler Argumentation (Erscheinung, die jeder Okkultist kennt) wird ein Widerspruch sehr erschwert. Ein nachprüfbares Beispiel für solche Umwandlungen nennt Steiner nicht.

Nach dieser Begebenheit kommt es zu größeren Veränderungen in den beiden Familien: der von seinem Ich ver-

104

lassene Jesus stirbt, sein Vater war schon längere Zeit vorher gestorben. Jetzt stirbt auch die Mutter des anderen (nathanischen) Jesus – und die beiden Restfamilien tun sich zusammen. Damit ist die Familienkonstellation geschaffen, die uns in den Evangelien begegnet: eine Familie mit Joseph, Maria, Jesus und mit Geschwistern, die aber nach der Steinerschen Konstruktion nicht die leiblichen Kinder der noch lebenden Maria sind.

Im „geistigen Bereich" hat sich mit der „Ich-Umlagerung" der Zusammenfluß von Buddhismus und Zarathustrismus ereignet – von zwei Formen der alten Initiation, die nun beide in der christlichen Einweihung enthalten sind und von ihr überholt werden.

3. Jesus vor der Johannestaufe

Da die Evangelien auch über die Zeit zwischen dem 12. Lebensjahr und der Johannestaufe im 30. Lebensjahr Jesu schweigen, muß wieder die „Akasha-Chronik" zur Quelle für die Biographie werden. Hier werden die Stufen der Entwicklung Jesu ausführlich geschildert.

Nach dem aufsehenerregenden Gespräch im Tempel trug sich seine Umgebung mit gewaltigen Hoffnungen für Jesus: ein großer Schriftgelehrter würde er einmal werden. Man begann, seine Worte aufzuschreiben. Jesus wurde daraufhin immer schweigsamer und galt bald als unsympathisch.

In Wirklichkeit aber kämpfte er in dieser Zeit zwischen dem 12. und dem 18. Lebensjahr einen gewaltigen innerlichen Kampf. Große Ideen und moralische Impulse gingen ihm in dieser Zeit auf. Ihn bedrückte das Fehlen von inspirierten Propheten, und er spürte, daß die Erwartung des kommenden „hohen Geistes" in ihm zur Erfüllung kommen würde.

In dieser Zeit erfährt er die innere Stimme („Bath-Kol") – bald jedoch erlebt er auch ihre Begrenztheit –, und er erkennt das Unvermögen der jüdischen Religion, „heraufzureichen zu den Offenbarungen des Gottesgeistes" (Das Fünfte Evangelium, S. 60).

In dieser Zeit macht Jesus viele Reisen, „teilweise veranlaßt durch sein Handwerk" (ebenda, S. 60). Er lernt Orte innerhalb wie außerhalb Palästinas kennen. Dabei wurde er in den Mithras-Kult eingeführt, dessen Stätten er besuchte. Durch seine hellseherischen Fähigkeiten vermochte er die Dämonen bei solchen Opferhandlungen zu entdecken.

Ein prägendes Erlebnis hatte Jesus im Alter von 24 Jahren. Er wird zum Priester bestimmt für einen heidnischen Kult in einem seelisch und körperlich kranken Volk. Am Beginn seiner Opferhandlung fällt Jesus in tiefe Ohnmacht und wird in den Bereich des Sonnendaseins entrückt. Hier empfängt er das sogenannte „makrokosmische Vaterunser", das in Steiners „Übersetzung" folgenden Text hat:

„Amen (oder auch: Aum)
Es walten die Übel
Zeugen sich lösender Ichheit
Von andern erschuldete Selbstheitschuld
Erlebet im täglichen Brote
In dem nicht waltet der Himmel Wille.
Da der Mensch sich schied von Eurem Reich
Und vergaß Euren Namen
Ihr Väter in den Himmeln."
(ebenda, S. 64).

106

Jesus kehrt zurück ins irdische Leben, er sieht noch das Volk fliehen, gejagt von Dämonen.

Zurückgekehrt nach Hause, war er nun „behaftet mit dem ruhigen, eindringlichen Geistesleseblick". Durch das Leben und den tiefen Einblick in menschlichen Jammer war er zugleich ein „Eingeweihter" geworden.

Die weiteren Jahre bis zur Johannestaufe bringt Jesus bei dem Orden der Essäer (= Essener) zu. Hier lernt er Johannes näher kennen, hier erscheinen ihm auch Buddha und Elia. Es kommt zu einem „Geistgespräch" zwischen Buddha und Jesus, und Steiner sieht es als seine „okkulte Verpflichtung" an, den Inhalt dieses Gesprächs mitzuteilen. Was dann als Inhalt von diesem „bedeutsamen Geistgespräch" genannt wird, ist mehr als dürftig: Buddha gesteht einen Fehler ein – wer ihm folgt, müsse leben wie die Essäer, streng und zurückgezogen. Das könne aber nicht Sinn der Lehre sein (ebenda, S. 69).

Kurz vor der Taufe führt Jesus eine lange Unterredung mit Maria – Sehnsucht nach den Jahren vor der Ich-Umwandlung und Einsicht in die Vergeblichkeit des jüdischen, des essenischen und auch des heidnischen Weges, zu Gott zu kommen, bestimmen dieses Gespräch. In diesem Gespräch beginnt das Zarathustra-Ich den Loslösungsprozeß von Jesus – und die Mutter erfährt eine Verwandlung, eine Stärkung ihrer Persönlichkeit: Sie vereinigt ihre Ichheit mit der Individualtität der verstorbenen Maria!

Nach diesem Gespräch ist Jesus bereit zur Johannestaufe.

4. Die Inkarnation der Christus-Wesenheit in Jesus von Nazareth

Als Jesus im Jordan die Taufe des Johannes empfängt, senkt sich in ihn die Christus-Wesenheit hinein (zu Steiners Verständnis der „Christus-Wesenheit", vgl. Kap. V). „Der Jesus war jetzt durchdrungen von dem Christus-Wesen" (Das Fünfte Evangelium, S. 84). Gleich nach der Inkarnation „zog es die Christus-Wahrheit . . . zunächst hin zum Kampf mit Luzifer und Ahriman in der Einsamkeit der Wüste" (ebenda, S. 86).

Steiner gibt eine ausführliche Darstellung der Versuchung Jesu.

> „Die Versuchungsszene steht ja in verschiedenen Evangelien. Aber diese erzählen von verschiedenen Seiten her . . . Ich habe mich bemüht, diese Versuchungsszene so zu gewinnen, wie sie wirklich war" (ebenda, S. 86).

Und „wirklich" hat sie sich nach Steiner so abgespielt: Jesus wird zuerst durch Luzifer versucht, dann durch Luzifer und Ahriman gemeinsam, und schließlich allein durch Ahriman. Die Reihenfolge der Versuchungen wird bei Steiner gerade umgekehrt: das Versprechen des Reiches eröffnet den Reigen, es folgt die Aufforderung, sich vom Dach des Tempels zu stürzen. Die letzte Versuchung, aus Steinen Brot zu machen, hinterläßt bei dem „Christus-Jesus" eine ungelöste Frage. Die Christus-Wesenheit erfährt hier von Ahriman etwas, was sie aufgrund mangelnder Kenntnis des Erdenlebens noch nicht wußte: daß nämlich Menschen es „wahrhaft nötig" haben, Steine zu Brot zu machen, weil sie sich unmöglich bloß vom Geist ernähren können!

„Das war der Moment, wo Ahriman zu Christus etwas sprach, was man zwar auf der Erde wissen konnte, was aber der Gott, der eben erst die Erde betreten hatte, noch nicht wissen konnte. Er wußte nicht, daß es unten auf der Erde notwendig ist, das Mineralische, das Metall zu Geld zu machen, damit die Menschen Brot haben. Da sagte Ahriman, daß die armen Menschen da unten auf der Erde gezwungen sind, mit dem Gelde sich zu ernähren. Das war der Punkt, an dem Ahriman noch eine Gewalt hatte" (ebenda, S. 88).

Steiner schließt:

„Es war also ein Rest geblieben bei der Versuchung" (ebenda, S. 88).

Nach der Versuchung folgt eine Zeit der Wanderung an all die Orte, die Jesus zuvor bereits bereist hatte:

„In rechter Schweigsamkeit, wie nichts gemein habend mit der Umgebung, wanderte zunächst der Christus Jesus von Herberge zu Herberge" (ebenda, S. 89).

Steiner entwirft idyllische Bilder von der Wirkung Jesu: Dort wo er früher gewesen war und gearbeitet hatte,

„war er in den Familien, . . . die nach der Arbeit zusammensassen und gerne redeten, wenn die Sonne untergegangen war, noch wie gegenwärtig! Da redeten sie von dem lieben Menschen, der als Jesus von Nazareth bei ihnen gewesen war. Vieles erzählten sie von seiner Liebe und Milde, vieles von ihren schönen, warmen Empfindungen, die durch ihre Seelen gezogen waren, wenn dieser Mensch unter ihrem Dache gelebt hatte. Und da geschah es, . . . daß in die Stube hereintrat wie in einer gemeinsamen Vision für alle Familienmitglieder, das Bild dieses Jesus von Nazareth. Ja, er besuchte sie im Geiste, oder auch, sie schufen sich sein geistiges Bild" (ebenda, S. 90).

Neu wirkte Jesus nun auf diese Menschen, als er nach der Johannestaufe wieder kam:

> „Jetzt aber ging etwas von ihm aus wie eine Zauberkraft! Hatten sie sich früher nur getröstet gefühlt durch seine Gegenwart, so fühlten sie sich jetzt geheilt durch ihn" (ebenda, S. 90).

So entwirft Steiner ein rührend-süßliches Gemälde von der Wirkung Jesu. In diesem Stile geht es weiter – Heilungen, Jüngerfindung usw. Die Schilderung könnte einem der zahlreichen Leben-Jesu-Bücher entnommen sein, die gegen Ende des 19. Jahrhunderts solche Idyllen romanhaft schilderten – und die Steiner barsch verwirft. Ihrem Einfluß hat er sich aber offensichtlich nicht entziehen können.

Im Zusammensein mit seinen Jüngern wendet Jesus das „makrokosmische Vaterunser" um und gibt ihnen so jenes Gebet, das wir im Evangelium aufgezeichnet finden und das zum gemeinsamen Gebet der Christenheit geworden ist: beginnend mit der letzten Zeile endend mit jenem geheimnisvollen Anfangswort „Amen" – oder auch bei Steiner „Aum".

> „In einer ähnlichen Weise . . . entstand auch die Verkündigung der Bergpredigt und andere Dinge, die der Christus Jesus seine Jünger lehrte" (ebenda, S. 94).

In der Zeit kurz nach der Johannes-Taufe war die Verbindung der Christus-Wesenheit mit dem Jesusleib noch relativ locker – die Christus-Wesenheit lebt noch recht unabhängig, sie spricht auch aus den anderen Jüngern und bisweilen ist kaum auszumachen gewesen, welcher aus der umherziehenden Gruppe denn nun den Christus in sich hatte. Mit der Zeit jedoch mußte sich die Christus-Wesenheit dem Jesusleib immer mehr „anähneln" (ebenda, S. 94/95).

110

Steiner beschreibt die drei Jahre, in denen die „Christus-Wesenheit" in Jesus lebte, als eine Zeit des Leidens:

> „Dieses Sich-Vereinigen mit dem menschlichen Leibe war sukzessives, immer zunehmendes Leiden" (ebenda, S. 151).

5. Kreuzestod und Auferstehung

Das „Mysterium von Golgatha", Lieblingsausdruck Steiners für Leiden, Sterben und Auferstehen Jesu Christi, bildet den zentralen Punkt des kosmischen Geschehens, in der Entwicklung der Erde und des Menschen. Über seine Bedeutung wird im folgenden Kapitel zu reden sein. Hier soll nur dargestellt werden, wie sich dieses Mysterium nach Steiner abgespielt hat.

War die Taufe durch Johannes zugleich eine Art Empfängnis, in der Jesus die Christus-Wesenheit in sich aufgenommen hatte, so wird im Tode Jesu der Christus geboren:

> „Von der Taufe bis zum Mysterium von Golgatha ist eine Art Keimzustand da. Das Sterben am Kreuz ist die Geburt, das Leben mit den Aposteln nach der Auferstehung ist ein Wandern auf der Erde" (Das Fünfte Evangelium, S. 21).

Beim Tod am Kreuz – nach Darstellung an anderer Stelle auch bereits vor dem Tod – trennt sich die Christus-Wesenheit also wieder vom Jesus-Leib.

Das Geschehen um Kreuzigung und Tod Jesu schildert Steiner so:

> „Vor dem Tode schaut man ein stundenlanges Sich-Ausbreiten einer Verfinsterung über die Erde, die für den hellseheri-

schen Blick den Eindruck einer Sonnenfinsternis macht; es kann aber auch eine Wolkenverfinsterung gewesen sein. Dann kann man wahrnehmen, wie beim Sterben am Kreuze der Christus-Impuls, durch diese Finsternis hindurchgehend, sich mit der Erdenaura verbindet. ... Dann hat man jenen großen, gewaltigen Eindruck, wie diese Wesenheit, die im Leibe des Jesus gelebt hat, jetzt sich ausgießt über die geistig-seelische Erdenaura, so daß die Seelen der Menschen nun fortan wie in sie eingezogen sind" (ebenda, S. 210).

Was aber geschieht mit dem Körper des Jesus?

„Man verfolgt das Bild des vom Kreuze herabgenommenen Jesus, der in das Grab gelegt wird, und man wird dann durchrüttelt, wenn man den Seelenblick darauf richtet, in der Seele von einem Erdbeben, das durch jene Gegend ging. Vielleicht wird man einmal den Zusammenhang jener Verfinsterung der Sonne mit diesem Erdbeben auch naturwissenschaftlich besser einsehen ... Jenes Erdbeben durchrüttelte das Grab, in das der Leichnam des Jesus gelegt war – und weggerissen wurde der Stein, der darauf gelegt worden war, und ein Spalt wurde aufgerissen in der Erde, und der Leichnam wurde aufgenommen von dem Spalt. Durch weitere Aufrüttelung wurde über dem Leichnam der Spalt wieder geschlossen. Und als die Leute am Morgen kamen, war das Grab leer, denn die Erde hatte aufgenommen den Leichnam des Jesus" (ebenda, S. 30).

Ein weiteres Naturereignis tat ein Übriges: Mit dem Erdbeben kam ein Wirbelwind über die Erde, und es stellt sich heraus, daß

„nach dem Wirbelwind die Tücher im Grabe lagen, wie es im Johannes-Evangelium treu geschildert ist" (ebenda, S. 211).

Die Jünger leben während der ganzen Zeit des Leidens und Sterbens Jesu „in einer Art Traumzustand" – mit ihnen lebt

112

die Christus-Wesenheit. Und es überlagert sich das Erinnern an die Zeit, in der Christus im Leib des Jesus physisch unter ihnen lebte mit der Belehrung, die sie jetzt empfangen.

Endgültig zieht die Christus-Wesenheit in die „Erdenaura" ein beim Ereignis der Himmelfahrt, die eigentlich eine „Erdenfahrt" gewesen ist. Beim Pfingstfest erwachen die Jünger aus ihrem Traumzustand, sie fühlen sich

> „verwandelt und mit neuem Bewußtsein erfüllt: das war das Herabkommen des Geistes, das innere Aufleuchten einer geisterfüllten Erkenntnis" (ebenda, S. 213).

Nun beginnt ein neuer Abschnitt im Wirken des Christus. Es ist die Geschichte des Christus-Impulses im Geiste der Menschen, die Geschichte des wechselnden Verstehens des Mysteriums von Golgatha, die Geschichte immer neuer Offenbarungen bis hin zur Offenbarung jenes „Fünften Evangeliums", dem Steiner seine „Mitteilungen" entnimmt.

VIII. Das Mysterium von Golgatha

1. Das Mysterium von Golgatha als notwendiges kosmisches Ereignis

Wenn Steiner von dem Heilshandeln Jesu Christi in seinem Tod und Auferstehen spricht, nennt er es meistens das „Mysterium von Golgatha". Es ist sicherlich berechtigt, im Blick auf das, was sich dort als Handeln Gottes an Christus erwiesen hat, von einem Mysterium, von einem Geheimnis, zu sprechen – alle Definitionen und begrifflichen Festlegungen, die Theologen seit den Anfängen der Kirche versucht haben, können dieses Handeln Gottes nicht hinreichend umfassen. Ein Reden vom Heilshandeln Jesu Christi, das von dem „Geheimnis" spräche, ist sicher angemessener als so mancher Deutungsversuch. Schon das Neue Testament spricht von dem „Geheimnis, das wir verehren", wenn von Jesus Christus geredet wird (1 Tim 3, 16). Und Geheimnis, das ist ja die Übersetzung des griechischen Wortes „Mysterion". Allerdings hat für Steiner der Begriff Mysterium einen anderen Klang. Es geht ja nicht um das Geheimnis, das nicht aufgehellt werden kann, sondern es entpuppt sich als ein Geheimwissen, das den „Eingeweihten" eben doch zugänglich ist, für sie also kein Geheimnis bleibt.

Und so weiß Steiner über dieses „Mysterium von Golgatha" sehr viel zu sagen über Vorgeschichte, Sinn und Nachwirkung bis in die Gegenwart hinein. Er erkennt – wie überall – so auch hier.

Das Kommen Christi – und besonders das Golgatha-Geschehen – ist nicht das freie Handeln Gottes an den Menschen, sondern ist ein Ereignis, das mit Notwendigkeit kommen mußte (Steiner weiß genau warum) und das auch gerade zu dem Zeitpunkt kommen mußte, als es kam: ein kosmisches Ereignis, eine Wende des Daseins der Menschen auf der Erde, vielfach vorbereitet und in seiner Bedeutung bis in die Gegenwart hinein nur unzureichend verstanden – ein Mißstand, dem er, Steiner, nun ein Ende zu bereiten verspricht.

Auch hier, bei der Erklärung des Mysteriums von Golgatha, spricht Steiner als der Mitteilende. Auch hier gilt der Ausspruch:

> „Das Christentum ist eine mystische Tatsache, das heißt, zu seinen Grundtatsachen gibt es keinen anderen als den hellseherischen Weg des Geistesforschers" (W.J. Stein, Der Christus-Jesus in der Lehre Rudolf Steiners, S. 15).

Das Mysterium von Golgatha ist ein „Geistereignis", das sich auf Erden abgespielt hat.

2. Die Wende zwischen Abstieg und Aufstieg

Die Notwendigkeit dieses Heilsereignisses von Golgatha liegt in der Besonderheit der Entwicklung von Mensch und Erde beschlossen. Als der Mensch das Leben auf der Erde begann, da ist er „heruntergestiegen . . . aus geistigen Höhen in materielle, in physische Tiefen", und er muß im Laufe seiner Erdenentwicklung „wiederum hinaufsteigen . . . zu den geistigen Höhen" (Erbsünde und Gnade, S. 8).

Das Mysterium von Golgatha markiert den Wendepunkt zwischen Abstieg und neuem Aufstieg. Es war

> „damals notwendig geworden . . ., daß die Menschheit herun-

115

tergestiegen ist in die materielle, in die physische Welt, weil in jenen alten Zeiten, wo die Menschen dem Göttlich-Geistigen näher gestanden haben ... heruntergestiegen ist der Mensch, indem er sich angeeignet hat die für das physische Leben notwendige Urteilskraft, den Verstand ... Nun muß er, um sich wieder hinaufzuarbeiten ... dieses (= sein Seelenleben, J.B.) ausfüllen mit dem, was geworden ist durch den Christusimpuls. Und je mehr er es ausfüllt mit diesem Christusimpuls, desto mehr wird er wiederum hinaufsteigen in die göttlich-geistige Welt und nicht ankommen als ein träumendes Wesen mit unklarem Bewußtsein, sondern als ein Wesen mit deutlichem, scharf in die Welt hineinschauenden Bewußtsein" (ebenda, S. 9).

Diesen Abstieg und Aufstieg kann Steiner mit den theologischen Begriffen Erbsünde und Gnade bezeichnen. Das Mysterium von Golgatha eröffnet den Aufstieg, darin liegt seine heilbringende Wirkung für die Menschheit, darin zeigt sich die göttliche Gnade.

Der Abstieg begann, kurz bevor der Mensch sein „Ich" zu den anderen drei Wesensgliedern als viertes Element hinzufügt erhielt. Da es sich „gleichsam" um eine „Vor-Ich-Entwickelungstatsache" handelt, ist der Mensch dafür nicht in gleicher Weise verantwortlich wie für Handlungen, die er später mit seinem ausgebildeten Bewußtsein begangen hat. Diese „Sünde" bildet daher noch kein Karma, sondern betrifft schicksalhaft die ganze Menschheit:

„Der Mensch ist also mit dem Astralleib damals Sünder geworden" (ebenda, S. 12).

Dieser Impuls, der damals durch Luzifer in die Menschheit hineinkam, wirkt fort durch die Vererbung – im Gegensatz

116

zu Fähigkeiten oder Verschuldungen, die im Ich-Bewußt-sein erworben oder begangen wurden: sie gingen bzw. gehen ins Karma ein und zeigen Wirkung in der nächsten Inkarnation dieser Individualität.

Aus der Erbsünde folgert für Steiner die Notwendigkeit, in

„uns die Kräfte zu erwecken, uns selber wieder hinaufzuarbeiten, (ebenda, S. 15).

Diese optimistische Einstellung zu den eigenen Kräften des Menschen ist wesentliches Element der „Selbsterlösung", die in der Anthroposophie an die Stelle der Erlösung durch Jesus Christus tritt. Davon wird noch zu reden sein.

Zur Erbsünde gibt es einen Gegenpol:

„Dieser Sünde ... muß gegenüberstehen die Möglichkeit, wiederum hinaufzukommen, auch ohne daß es die Schuld des Menschen ist" (ebenda, S. 16).

Der Mensch

„muß nach dem Geistigen hinauf, und da muß ihm etwas ebenso Persönliches entgegenpulsen, wie ihm Persönliches entgegenpulst, wenn er mit seinem Ich in sein heißes Blut, in seine Triebe untertaucht ... Da muß der Mensch in den geistigen Höhen eine Persönlichkeit anziehen können, die innerlich persönlich ist, wie die Persönlichkeit unten im Fleische ist ... Das ist der Christus" (ebenda, S. 19).

Daß dieser Christus da ist, wir ihn „anziehen" können, das ist nicht unser Verdienst, ebensowenig wie die schicksalhafte Verstrickung in das Physische unsere Schuld ist. Aber

„was wir tun, ... um dem Christus nahezukommen, das gehört schon in unser Ich, das ist schon unser Verdienst" (ebenda, S. 20).

Dieser Prozeß des Aufstiegs währt durch lange Zeitalter hindurch. Über diese lange Zeit hinweg ereignet sich allmählich das Erlösungshandeln, das Christus bewirkt hat. H.E. Lauer gibt in seinem schon mehrfach zitierten Buch eine knapp formulierte Zusammenfassung der Gedanken Steiners:

„Handelt es sich nun aber beim ‚Sündenfall' nicht um ein einmaliges Ereignis, sondern um einen vieltausendjährigen Prozeß der stufenweisen Verbindung der Seele mit dem Leibe, so kann verständlich werden, daß die ‚Erlösung' ebensowenig einen einmaligen Akt darstellt, sondern ebenfalls ein jahrtausendlanges Geschehen, – das Gegengeschehen einer stufenweisen Wiederloslösung der Seele vom sterblichen Leibe bedeutet" (Die Anthroposophie und die Zukunft des Christentums, S. 47/48).

Was geschieht nun in diesem „Mysterium von Golgatha"? Den äußeren Ablauf haben wir im vorigen Kapitel dargestellt. Aber was geschieht mit jener „Christen-Wesenheit", die sich für einige Jahre diesem Jesus inkarniert hatte?

Das Mysterium von Golgatha ist die Trennung von Jesus und Christus. Das Heraustreten aus dem Jesusleib auf Golgatha ist die Geburt des Christus. Christus, der Sonnengeist, wird damit zum Geist der Erde. Dieses Geschehen sieht Steiner dargestellt in der Passionsgeschichte des Johannes. Als Jesus am Kreuz die Seite geöffnet wird, als das Blut herausfließt, da verbindet sich Christus mit der Erde:

Es „war nicht nur ein physischer Vorgang vorhanden, als das Blut herausrann aus den Wunden des Erlösers, sondern indem das Blut herausrann, war das wirklich begleitet von einem geistigen Vorgange. Und dieser geistige Vorgang besteht darin,

118

daß der heilige Geist, der da aufgenommen war bei der Taufe, sich mit der Erde verband, daß der Christus selbst einfloß in das Wesen der Erde. Von jetzt an war Erde verwandelt.
... Man hätte sehen können, wenn man von einem fernen Stern auf die Erde geblickt haben würde, daß das ganze Aussehen der Erde mit dem Ereignis von Golgatha sich veränderte. Es sollte sich der Sonnenlogos mitteilen der Erde, ein Bündnis mit der Erde schließen, der Geist der Erde werden" (Das Johannes-Evangelium, S. 208).

An anderer Stelle heißt es, daß sich die Farbaura der Erde schlagartig veränderte, daß der Christus in die Erdenaura einging.

Von diesem Zeitpunkt an wirkt der Christus-Impuls

„in allen maßgebenden Ereignissen, in alledem, was sich als wichtig und wesentlich zugetragen hat" (Das Wesen des Christus-Impulses, S. 2).

Dieser Christus-Impuls ist tätig „durch die, welche seine Diener, seine spirituellen Gehilfen sind" (ebenda, S. 2).

Der Christus-Impuls wirkt „durchdringend, durchwellend, durchpulsend, durchwebend das Erdenleben" (Weihnachtsfeier, S. 11). Von diesem Zeitpunkt an ist die Welt „durchchristet" – ein neues Zeitalter hat begonnen.

Von nun an strömt dieser mächtige Impuls durch die Geschichte und befähigt die Menschen, den Weg zum Geistig-Göttlichen zu finden. Diesem Mysterium von Golgatha ist die übrige Geschichte zugeordnet – als Vorgeschichte wie als Verstehens- oder Mißverstehensgeschichte.

3. Die Vorbereitung des Mysteriums von Golgatha

Nichts im Steinerschen Kosmos geschieht ohne Grund, geschieht, ohne daß alle Faktoren (Ort, Zeit, handelnde Personen usw.) erklärbar und erkennbar wären. Wir sahen, wie die verschiedenen Leibeshüllen des Jesus (bzw. der zwei Jesusknaben) vorbereitend geformt wurden durch die Jahrtausende. Wir hörten, wie überlegt jedes Individuum immer wieder auf den „physischen Plan" gesetzt wird, um sich weiterzuentwickeln.

So nimmt es nicht wunder, daß auch das zentrale Ereignis des Kosmos eine lange Vorgeschichte aufweisen kann, in der – zunächst nur wenigen „Eingeweihten" erkennbar – das Kommende angezeigt und ansatzweise erfahrbar und erlebbar wurde.

„Wir dürfen nicht glauben – das geht aus unserer ganzen Weltanschauung hervor –, daß von dem Christus erst etwas gewußt wird seit dem Mysterium von Golgatha. Als denjenigen Geist, der kommen wird für die Menschheit, haben ihn die Eingeweihten der Mysterien und deren Schüler auch in den vorchristlichen Zeiten wohl gekannt. Die Eingeweihten haben auf ihn hingewiesen als den hohen Sonnengeist, den sie von den geistigen Höhen herabkommend schauten, der sich der Erde nahte, um in der Erde seine Wohnung aufzuschlagen" (Weihnachtsfeier, S. 11).

Vor allem in den Mysterienkulten wurde die Erwartung des kommenden Heilsereignisses gepflegt und weitergegeben, – an den Orakelstätten, in den Mythen des Mithras-Kultes und in den Religionen, die sich im Gefolge des Zarathustra und des Buddha gebildet hatten. In besonderer Weise

120

erwartete das hebräische Volk den kommenden Christus. Die Texte des Alten Testaments, aber auch die Erkenntnisse der Essäer und anderer kleinerer Gruppen zeugen davon.

Alle Religionsformen – in intensivster Form alle Stätten der Einweihung in das übersinnliche Erkennen – tragen das Wissen oder doch wenigstens das Ahnen von dem kommenden großen Heiler, dem Sonnengeist, der Christus-Wesenheit in sich. Denn sie alle sind Spiegelungen kosmischer Ereignisse um den Christus, die sich abgespielt haben vor seiner Inkarnation in Jesus von Nazareth. Und allen Religionsformen gilt das Mysterium von Golgatha.

Steiner beschreibt in seinem Buch „Das Christentum als mystische Tatsache" (und auch an vielen anderen Stellen) diese Vorbereitung, die sich noch einmal gedrängt fassen läßt in dem Wirken besonderer Persönlichkeiten – etwa des Essäers Jeschu ben Pandira. Die Analogie zwischen dem Leben Jesu und dem Lebensgang anderer herausragender Gestalten der Religionsgeschichte (Buddha, Mithras) soll zeigen, daß das Leben Jesu ein „typisches" Leben gewesen ist, daß es eingebunden ist in die religionsgeschichtlichen Vorformen – sagt Steiner.

Dazu ist anzumerken, daß der Vergleich Buddha-Jesus in der Zeit um die Jahrhundertwende eine Modeerscheinung der religiösen Salongespräche war. Ausgehend von Werken Rudolf Seydels (Das Evangelium Jesu in seinen Verhältnissen zu Buddha-Sage und Buddha-Lehre, 1882 mit zahlreichen späteren Auflagen; Die Buddha-Legende und das Leben Jesu nach den Evangelien, 2. Aufl. 1897) und ihren popularisierten Nachfolge-Büchern, waren solche Spekulationen faszinierend für eine Zeit, die einen bislang nie gekannten Kontakt zu fernen Ländern mit ihren Reli-

121

gionen aufnehmen konnte, die – etwa im liberalen Bürgertum mit seiner liberalen Theologie – die Besonderheiten des Christentums gerne einebnete zugunsten eines allgemeinen religiösen Gefühls und eines humanen Fortschritts.

Für Steiner ist z.B. die Erzählung von den Weisen, die, dem Stern folgend, den Christus suchen, ein Beleg dafür, wie unter den Eingeweihten der zarathustrischen Religion des Ostens die Christus-Erwartung lebendig war, wie die Eingeweihten dort erkannt hatten, daß jetzt der Augenblick seines Kommens da war.

Zu dieser Vorbereitung gehört allerdings auch, daß die Bedingungen für das angemessene Verstehen des Mysteriums von Golgatha bereits in der Zeit der verschiedenen „nachatlantischen Kulturepochen" drastisch abgenommen hat.

In der ersten „nachatlantischen Kulturepoche" wäre dies Verständnis am größten gewesen: bei den „Rischis" des alten Indien:

> „Wenn es möglich gewesen wäre, daß die Christuswesenheit dazumal, meinetwillen inmitten der heiligen Rischis, auf Erden erschienen wäre, dann wäre die Weisheit dieser Rischis im höchsten Maße fähig gewesen, das Wesen des Christus zu verstehen" (Christus und die geistige Welt, 2. Vortrag).

Auch in der „2. nachatlantischen Kulturepoche" wäre unter den Anhängern des Zarathustra solches Verstehen noch möglich gewesen:

> „Verstanden würden sie haben, daß der Sonnengeist sich vorgesetzt hätte in einem menschlichen Leib zu leben, und sie würden in der Lage gewesen sein, das Sonnengeistmäßige

122

einer solchen Tatsache zu verstehen . . . Es würden die Schüler Zarathustras gefeiert haben ihren Sonnengeist im Menschen mit dem leuchtenden Gold, dem Symbolum der Weisheit" (ebenda).

Die Verstehensfähigkeit nimmt weiter ab – in der chaldäisch-ägyptischen Zeit und schließlich in der griechisch-römischen.

Warum aber, so muß dann gefragt werden, hat sich der Christus erst in der Zeit inkarniert, in der er weniger verstanden werden konnte als in früheren? Steiners Antwort:

„Jetzt ist der Körper da, in dem die Christuswesenheit sich verkörpern kann. Dieser Körper war nicht da in der ersten, zweiten, dritten nachatlantischen Zeit; jetzt ist er aber da; aber jetzt ist bei den Menschen nicht die Möglichkeit vorhanden, was geschieht, zu verstehen" (ebenda).

„Eine eigentümliche Erscheinung, nicht wahr?" – so fragt Steiner selbst im Anschluß an diese Feststellung. Eigentümlich, wahrhaftig! Hier ist erschreckend deutlich zu sehen, wie die von Steiner aufgestellten Entwicklungsgesetze selbst das Handeln Gottes, der „Christuswesenheit", binden. Auch Gott ist nicht frei in seinem Handeln, sondern gebunden an kosmische Entwicklungen. Und weil der Leib so lange brauchte, um fertigzuwerden (man vergleiche die Ausführungen im vorigen Kapitel), konnte Christus sein Heilshandeln nicht eher vollziehen als zu dem Zeitpunkt, zu dem es dann schließlich geschah.

Wie wird hier eine historische Gegebenheit, der Zeitpunkt des Lebens Jesu, eingeknüpft in ein Gewebe geheimnisvoller Entwicklungsströme, die keinem anderen erkennbar sind als allein Rudolf Steiner!

4. Fehlendes Verständnis für das Mysterium von Golgatha im Lauf der Kirchengeschichte

Kam schon der Christus in einer Zeit, in der den meisten Menschen die Augen verschlossen waren und sie die kosmische Wende nicht wahrnehmen konnten, so entwickelt sich die Fähigkeit, den Christus-Impuls zu verstehen und für die eigene Lebensaufgabe fruchtbar werden zu lassen, in der Folgezeit noch weiter zurück.

Für Steiner stellt sich die Geschichte des Christentums – vor allem die offizielle, nach außen hin sichtbare – als eine Verfallsgeschichte dar. Das ist – modellhaft gesehen – keine neue Sicht. Viele Christen haben in der Vergangenheit gemeint (und meinen es noch heute), die Kirche sei von einem idealen Urzustand der ersten Gemeinde schnell abgefallen und habe sich immer weiter von ihren Anfängen erntfernt.

Je nach persönlichem Standpunkt werden dann die Konstantinische Wende, die das Staatskirchentum einleitet, die Macht der Kirche im Mittelalter, die Reformation oder die Aufklärung dafür verantwortlich gemacht. Der Glaube, das Leben der Christen – alles sei früher besser gewesen. Man mag zu solchen Vorstellungen verschiedene Stellung beziehen – Glorifizierungen der Vorzeit sind auch in der Kirche kaum angebracht.

Steiner bedient sich dieses Denkmodells, füllt es allerdings auf seine Weise.

Zur Zeit der ersten Gemeinde sei noch durch eine Art des ursprünglichen Hellsehens, das hier und da aufblitzte, ein eingeschränktes Erkennen des Mysteriums von Golgatha möglich gewesen. Diese Reste des alten Hellsehens trugen dazu bei, daß überhaupt aufgenommen werden konn-

124

te, was das Kommen „des" Christus für den Kosmos und für die Menschheit bedeutete. Die Apostel z.B. waren mit solchen Resten des ursprünglichen Hellsehens begabt – allerdings zeigte sich, wie begrenzt auch ihre Verstehensmöglichkeiten waren. Nach ihrem Tod entwickelten sie sich im „Geisterland" weiter und gaben ihre neuen Weisungen an die Kirchenväter weiter.

Eine andere Weise des Verstehens des Christus-Ereignisses in der Alten Kirche fußt auf der Erkenntnismethode der Mysterien, die ja bereits in die Vorgeschichte des Mysteriums von Golgatha hineingehören (s.o.). Steiner nimmt auch hier positiv die Ansätze jener spekulativen Richtung in der frühen Christenheit auf, die im allgemeinen unter dem Sammelnamen „Gnosis" bekannt ist. Materie und Geist sind auch dort zwei widerstreitende Urprinzipien. Der Schöpfer der Materie, der „Demiurg", ist zugleich der Gott des Gesetzes, der Finsternis, schließlich des Bösen. Das gute Prinzip ist der Gott Christi, der Gott des Geistes, der Liebe, der Freiheit, des Lichtes, er überwand das Finstere. Dieser Gott hat seinen „Logos", sein Wort, seine Vernunft, über die Welt ausgegossen, und die meisten Menschen haben in ihrem Kern einen Samen dieses Göttlichen, einen göttlichen Funken. Den gilt es weiterzuentwickeln bis zur Befreiung von der Materie, von der stofflichen Hülle – eine Befreiung, die in mehreren Erdenleben vonstatten geht. So gibt es verschiedene Klassen von Menschen, die durchaus als Rangordnung aufzufassen sind: die niedersten sind gänzlich der Materie verfallen, ihr göttlicher Funke ist erloschen. Darüber stehen die Glaubenden – und den höchsten Rang nehmen die „Gnostiker" ein, die Erkennenden, die Wissenden. Sie bilden die Elite, sie kennen die göttlichen Gedanken und die Grundgesetze des Seins.

125

Diese gnostische Richtung wurde von der Kirche in langen Auseinandersetzungen abgelehnt, weil die Kirche an der Einheit des Schöpfergottes mit dem Gott Jesu Christi festhielt, an der Einheit des Jesus Christus, der nicht in einen Jesus und einen Christus aufzuspalten ist. Und die Kirche lehnte das Elitebewußtsein der „Wissenden" gegenüber den nur „Glaubenden" ab. Gottes Heilstat ist für jeden da, und sie erschließt sich allein im Glauben. Darüber hinaus kann es keine „höhere" oder „tiefere" Erkenntnis geben. Diese Gnosis wird von Steiner herausgehoben als die Richtung, in der die wahre Erkenntnis des Mysteriums von Golgatha in den ersten Jahrhunderten des Christentums am deutlichsten vorhanden gewesen ist. Von zahlreichen Theologen wurde und wird immer wieder auf die Verwandtschaft der Anthroposophie mit der Gnosis hingewiesen – eine Verwandtschaft, die Steiner so nicht gelten lassen möchte. Jedoch sein Urteil über die Gnosis ist positiv, wenn auch die Antwort, die damals gegeben wurde, „uns" niemals befriedigen könnte – „sie würde kein Licht bringen können in das, was sich heute der hellseherischen Seele ergibt" (Christus und die geistige Welt, S. 25).

Eine andere Form der „Uroffenbarung" des Mysteriums von Golgatha findet Steiner bei den „Therapeuten" – einer Gruppe von Christen, die lediglich in der Kirchengeschichte des Euseb von Cäsarea (4. Jahrhundert) erwähnt wird, von der (zumindest in der „äußeren" Geschichtsschreibung) nichts Näheres bekannt ist (Jesus oder Christus, S. 106).

Die Erkenntnisweise der Gnostiker und der Therapeuten spiegelt sich – so Steiner – im Werk des Paulus. Auch er war „eingeweiht in alle Geheimnisse, in die man eingeweiht werden konnte" – und seine unmittelbare Christus-

Begegnung vor Damaskus ist der Augenblick, „wo aus seinem Innern heraufgestiegen ist ein Schauen" (ebenda,
S. 107).

Danach aber verschwanden auch die Reste jenes alten,
ursprünglichen Verhältnisses, das „dialektisch-juristische
Zeitalter" brach an. Da wurde nötig, die Erkenntnis des Mysteriums von Golgatha auf „Autorität" zu begründen (Die
neue Geistigkeit, S. 75).

„So wurde es der christlichen Gemeinschaft nur möglich, die
Gläubigen auf die historische Tradition über das Mysterium
von Golgatha zu verweisen, und dasjenige, was einmal durch
die Geisterkenntnis über dasselbe gewußt wurde, in Dogmen
für den Glauben zu kleiden" (Kosmologie, Religion und Philosophie, S. 62).

Aus der Erkenntnishaltung des Wissens steigt man ab zur
Haltung des Glaubens. Die Dogmen, die nun entstehen,
vermitteln den Erkenntnisunfähigen nur eine Abschattung
der Bedeutung des Mysteriums von Golgatha. Die Aufspal-
tung der Welt in ein Wissen vom Sinnlich-Physischen und
ein Glauben des Geistig-Göttlichen prägt die folgenden
Jahrhunderte.

Das Autoritätsprinzip des Mittelalters, das das ganze soziale Leben beherrscht, führt dazu, daß das Mysterium von
Golgatha, das „man ja eben nur als Mitteilung empfing",
höchstens noch in Symbole gekleidet werden kann.

„Ein solches Symbol ist das Meßopfer mit dem heiligen
Abendmahl, ist alles das, was der Christ in der Kirche erleben konnte. In dem Abendmahl hatte er unmittelbar gegenwärtig nach seiner Auffassung, was das Hereinkraften der
Christuskraft in die physische Welt war. Daß diese Christuskraft für die Gläubigen hereinströmen konnte in die physische

Welt, das wurde wiederum unter Autorität gestellt, das ging wiederum aus von den Weihen der römischen Kirche" (Die neue Geistigkeit, S. 75).

Die religiösen Bewegungen um Wiclif, Hus usw. versteht Steiner als die Kehrseite der Autorität, als den „fortwährenden Protest" – sie wollten „Christus aus ihrem Innern heraus begreifen . . . wozu die Zeit aber dazumal noch nicht da war". Es darf bezweifelt werden, ob diese Interpretation Steiners dem Wollen der „Vorreformatoren" angemessen ist! Daneben wirkten die „Mystiker":

> „Sie sprachen auch von dem Christus; aber sie hatten noch nicht das Christus-Erlebnis. Sie hatten doch im Grunde genommen nur die alten Nachrichten von dem Christus" (ebenda, S. 76).

Den Übergang zur Neuzeit, zur „5. nachatlantischen Kulturepoche", markiert in Steiners Sicht ein Siegeszug des Rationalismus in einer bis dahin ungeahnten Weise. Die Bibel, zuvor durch die Autorität der Kirche der Masse der Gläubigen vorenthalten, wurde durch die volkssprachlichen Übersetzungen der Reformatoren dem Volke ausgeliefert.

Lange hatte die Kirche sich dagegen gewehrt,

> „denn die Kirche wußte ganz gut: mit der Art, wie sie das Mysterium von Golgatha behandelte, ist das Bekanntwerden des Evangeliums nicht vereinbar, denn dieses Evangelium in seiner wahren Gestalt besteht ja aus vier Evangelien, die einander widersprechen" (ebenda, S. 77).

Dieser Widerspruch, der – nach Steiner – nur für die „dialektische" Auffassung wichtig ist, die dem aber nichts bedeuten, der alles „spirituell" versteht, führte nach Durchbrechen des Bibelverbots durch den Protestantismus schließlich zu jener kritischen Theologie des 19. Jahrhunderts, in der zuletzt „wirklich aus den Evangelien ein sehr gerupftes Hühnchen geworden" ist (ebenda, S. 77).

Dennoch lebte die Menschheit bis ins 19. Jahrhundert unter einer Autorität – und meinte doch, vorurteilslos zu denken und Wissenschaft zu treiben. Eine dogmatische Grundentscheidung, die all dieses Denken und Forschen bestimmt – wenn wir Steiner folgen –, war eine Konzilentscheidung von 869, in der sich die Konzilsväter für ein zweigeteiltes Menschenbild (Leib und Seele) aussprachen und eine Dreiteilung in Leib, Seele und Geist verwarfen.

So wird Steiner nicht müde, immer und immer wieder darauf zu verweisen, daß die römische Kirche den Geist „verboten" habe. Sie habe damit eine dogmatische Entscheidung getroffen, die alle geistige, alle wissenschaftliche Entwicklung des Abendlandes vorbestimmt und geprägt habe. Die übliche Geschichtsschreibung wird dieser Konzilsentscheidung wohl kaum solch epochales Gewicht beimessen. Hier wurden nur altkirchliche Entwicklungen bestätigt, Einigungen, die entstanden waren, als die Theologen und Bischöfe sich Gedanken machten über das Verhältnis von Mensch und Gott in Jesus Christus.

Aber folgen wir wieder der Darstellung Steiners. Wurde es so in der offiziellen Kirche fortlaufend weniger möglich, das „Mysterium von Golgatha" angemessen zu verstehen und aufzunehmen, so sorgte eine verborgene, stille Strömung dafür, daß dieses alte Wissen nicht gänzlich verlorenging. Es waren die Eingeweihten, die Mystiker, die durch ihre Geheimschulung in der Lage waren, den Christus zu erkennen:

„Es ist ein großartiges Schauspiel vom geisteswissenschaftlichen Standpunkt aus, das Einschlagen dieses Christusimpulses zu beobachten; zu beobachten, wie sich vom Konzil zu
Nicäa an die Menschen in ihrem Oberbewußtsein zanken über
die Feststellung der Dogmen, wie sie eifern in ihrem Bewußtsein und wie das Wichtigste für das Christentum in unter-
bewußten Seelengründen geschieht. Der Christusimpuls arbeitet nicht da, wo gezankt wird, sondern in den Untergründen ...
Wahrhaftig wie ein Fluß, der in den Höhlungen der Berge
verschwunden ist, so daß man ihn oben nicht sieht und oben
das Sonderbarste vermuten kann, so strömt fort der Strom des
Christusimpulses in den Untergründen der Seelen der euro-
päischen Menschen und wirkt – wirkt zunächst als okkulte Tatsache" (Christus und die geistige Welt, 5. Vortrag).

Die bei den wenigen im Untergrund vorhandene Erkenntnis wurde nur unter Eingeweihten weitergegeben, in Ge-
heimschulen. Eine Weitergabe an nicht Eingeweihte wäre
ein Verrat an dem Mysterium gewesen. Denn es wäre an
Menschen eine Erkenntnis ausgeliefert worden, die nicht in
der Lage gewesen wären, sie zu verstehen.

5. Der Anbruch eines neuen Zeitalters

Von dem finsteren Hintergrund der letzten Jahrhunderte
hebt sich strahlend der neue Aufbruch der Gegenwart ab,
der sich – wie könnte es anders sein – in Steiners „Geisteswissenschaft" äußert.

„Erst jetzt, seit dem letzten Drittel des 19. Jahrhunderts, ist
innerhalb der Menschheitsentwickelung wieder ein Stadium

130

erlangt, ... in dem die neue Initiation ... zu einer Anschauung des Wesens Christi innerhalb der Geisteswelt führt" (Kosmologie, Religion und Philosophie, S. 62).

Die von Steiner entwickelte Anthroposophie hat also welt- und heilsgeschichtliche Bedeutung gewaltigen Ausmaßes:

„Nun aber leben wir ... in einer Zeit, in welcher sich wieder vorbereitet ein Schauen. Geisteswissenschaft will ja vorbereiten auf dieses Schauen, das die Menschen wiederum ergreifen muß. Nicht das alte instinktive Schauen, sondern ein Schauen, das auf volles Bewußtsein gebaut ist" (Die neue Geistigkeit, S. 79).

Dieses neue Schauen

„zieht herauf als eine Notwendigkeit, von der die Menschheit ergriffen werden muß. Und in diesem Schauen kann nun wiederum ein wirkliches Erfassen des Mysteriums von Golgatha hineinleuchten" (ebenda).

So feiert Steiner seine Anthroposophie als den Beginn einer neuen Epoche des Christentums – alles bisher Dagewesene war nur eine Vorgeschichte:

„Indem wir Anthroposophie auf das Christentum anwenden, folgen wir der welthistorischen Notwendigkeit, die dritte christliche Zeitepoche vorzubereiten ... Das wird sozusagen das dritte Kapitel sein. – Das erste Kapitel ist die Zeit der Vorverkündigung des Christentums. Das zweite Kapitel ist das tiefste Heruntertauchen des menschlichen Geistes in die Materie und die Vermaterialisierung selbst des Christentums. Und das dritte Kapitel soll sein die geistige Erfassung des Christentums durch anthroposophische Vertiefung" (Das Johannes-Evangelium, S. 178/179),
„So nimmt sich die anthroposophische Weltanschauung aus wie eine Testamentsvollstreckung des Christentums. Um zum

wahren Christentum geführt zu werden, wird der Mensch in Zukunft jene spirituellen Lehren aufnehmen müssen, welche die anthroposophische Weltanschauung zu geben vermag" (ebenda, S. 213).

Steiner ist davon überzeugt, die „Menschheit würde die Bibel vollständig verlieren ... und ungeheure Geistesgüter würden der Menschheit verlorengehen", wenn die Menschheit nicht „die Geisteswissenschaft bekommen und durch die Geisteswissenschaft die Bibel in einem neuen Sinn verstehen lernen" würde (Das Lukas-Evangelium, S. 175).

So steht die Anthroposophie auf der Höhe der Zeit, sie gibt – meint Steiner – dem Menschen, was er braucht. Die Zukunft wird ihr gehören, und damit wird man „verstehen, daß das Christentum erst im Anfang seines Wirkens ist und seine wahre Mission erst dann erfüllen wird, wenn es in seiner wahren, das heißt geistigen Gestalt verstanden wird". Damit spricht Steiner der „anthroposophischen Bewegung" die Sendung zu, „das Christentum zur Weisheit zu erheben, das Christentum auf dem Umwege durch die spirituelle Weisheit richtig zu verstehen" (Das Johannes-Evangelium, S. 217).

Die Anthroposophie ist also die wahre Hüterin des Mysteriums von Golgatha, sie allein kann das wahre Verstehen vermitteln. In ihren Reihen kann das Heilswerk Christi am reinsten und am bewußtesten aufgenommen werden. Die Stellung zur Kirche und zur Theologie ist von dieser heilsgeschichtlichen Sonderstellung, die Steiner für sich in Anspruch nimmt, geprägt.

6. Beurteilung

Für Christen, die die Zeugnisse der Apostel vom Ostergeschehen zur Grundlage ihres Glaubens machen und die sich der Überlieferung des Glaubens der Kirche verbunden wissen, ist diese Darstellung des Mysteriums von Golgatha wie auch Steiners Sicht der Wirkungsgeschichte bis hin zu seinem eigenen Wirken aus vielen Gründen unannehmbar.

Wir stellen wieder fest, was wir schon häufig beobachten konnten: Steiner setzte seine Interpretation absolut, nur seine Methode, nur sein Weg führt zu Christus, zum Verstehen des Ostergeschehens, zur richtigen Aufnahme des gegenwärtig wirkenden Christus. Damit schiebt er sich – wie beim Verstehen der Bibel – auch hier als ein Mittler zwischen den Menschen und Gott. Seine „Erkenntnisse" werden Bestandteil des göttlichen Heilswirkens – eine unakzeptable Anmaßung! Wir werden unten noch darauf zurückkommen.

Unannehmbar ist auch die Beschränkung des Wirkens Jesu Christi auf die Umkehr des kosmischen Abfalls vom Göttlichen, auf die Stärkung der Ich-Kräfte, die dann – so gestärkt – den Aufstieg zum Göttlichen selbst erringen können. Gnade Gottes, Annahme des Schuldigen durch den liebenden Vater, kann sich eben nicht beschränken auf solch ein jahrtausendelanges Weltgeschehen. Unaufgebbar für Christen ist die persönliche Vergebung durch die Gnade Gottes.

Wo das wegfällt, wird unserem Glauben ein tragender Pfeiler weggerissen.

Steiners ins Maßlose gesteigerte Vorstellung von der Bedeutung des eigenen Werkes, das den Anfang des 3. Kapi-

133

tels des Christentums – die Vorgeschichte eingeschlossen – markieren soll, kann nur noch Kopfschütteln bewirken. Wie kann ein Mensch so verblendet sein von der eigenen Leistung! Solche Maßlosigkeiten disqualifizieren Steiner und beleuchten schlagartig die mangelnde Seriosität seines Werkes.

IX. Waldorfpädagogik als „Frucht" der Anthroposophie

1. Die „Früchte" und die Wurzel

Mögen die Vorbehalte gegen die Anthroposophie noch so stark sein – ihre „Früchte" genießen derzeit in unserer Gesellschaft einen guten Ruf. Das gilt für die „Freien Waldorfschulen" ebenso wie für Medikamente von Weleda, für Kliniken und therapeutische Heime wie für Produkte des biologisch-dynamischen Landbaus. Und es ist nicht Ziel dieser Ausführungen, hier alles einfach schlechtzumachen. Die kritische Haltung gegenüber der „Geisteswissenschaft" Rudolf Steiners, ja, ihre klare Ablehnung, bedeutet nicht eine Herabsetzung der unbestreitbar großen Leistungen, die Anthroposophen auf dem diakonischen und pädagogischen Sektor vollbringen. Das Engagement der Mitarbeiter (natürlich auch der vielen Nicht-Anthroposophen unter ihnen) für Kranke und Gefährdete, für Schüler mit unterschiedlichster Begabung, ihr Bemühen, durch die Therapie des ganzen Menschen, seines Körpers und seiner Seele, Hilfen zu geben, verdient größten Respekt. Ein solches humanitäres Wirken kann jedoch in keiner Weise als ein Beweis für die Richtigkeit der Steinerschen Lehren gewertet werden – beides liegt auf völlig verschiedenen Ebenen.

Diese beiden Ebenen lassen sich vielleicht an der Stellung zu einer anderen religiösen Gruppe verdeutlichen: Die Würdigung der Leistung der Mormonen auf dem Gebiet der Lebensführung, in der Gestaltung des sozialen

135

Lebens, bedeutet noch nicht, das Buch Mormon als heilige Schrift anzuerkennen.

Angesichts anthroposophischer Propaganda mit ihren Krankenhäusern, Heimen, Therapiestätten muß allerdings in Erinnerung gerufen werden, daß auch andere Träger (Diakonie, Caritas) in ihren Einrichtungen engagierte Mitarbeiter haben, die sich tatkräftig für die ihnen anvertrauten Menschen einsetzen.

Als Beispiel für die anthroposophischen Einrichtungen soll die Waldorfschule mit ihrer Pädagogik dargestellt und befragt werden.

2. Anthroposophische Pädagogik: Die „Freie Waldorfschule"

Wer eine Waldorfschule von außen sieht, spürt bereits etwas von ihrem besonderen Charakter. Statt eines sturen Betonblocks in der einfallslosen Architektur anderer Schulzentren entfaltet sich vor dem Betrachter ein durchgeformter Bau, in dessen Architektur die Ästhetik nicht vergessen wurde. Der Eindruck verstärkt sich beim Eintritt in die Schule: eine großzügige Bauweise, eine Architektur, der auch in der Gestaltung von Eingangshallen, Fluren, Gemeinschaftsräumen ein geistiges Konzept abzuspüren ist. Dazu eine angenehme Atmosphäre: farbige Wände, Dekken, Schülerbilder vor den Klassenzimmern. Freundlichkeit ist zu verspüren, nicht Hektik oder Nervosität wie in manch anderer Schule.

Es soll hier kein Idyll gezeichnet werden und erst recht kein Horrorgemälde der öffentlichen Schule – im Waldorf-

Jargon „Staatsschule" genannt. Aber die Wertschätzung musischer und handwerklicher Fächer ist überall erfahrbar – die zahlreichen Musik-, Kunst- und Eurythmieräume zeugen davon, ebenso die Werkstätten, in denen die Schüler schmieden, weben, tonen oder buchbinden. Die einzelnen Schulen variieren in ihrem handwerklichen Angebot.

Doch nicht nur diese Äußerlichkeiten unterscheiden die Waldorfschulen von anderen staatlichen oder privaten Schulen.

Die Waldorfschule ist seit ihrer Gründung im Jahre 1919 eine echte Gesamtschule: Alle Schüler durchlaufen die 12 Jahrgänge der Waldorfpädagogik – Sitzenbleiben gibt es nicht, die Zeugnisse enthalten keine Zensuren, sondern kurze Beurteilungen des jeweiligen Fachlehrers.

Die Kinder werden in die 1. Klasse im Alter von 7 Jahren aufgenommen (hier liegt ein Problem: in unserem Land beginnt die Schulpflicht der Kinder mit 6 Jahren. Wer sein Kind in eine Waldorfschule schicken möchte, muß es also zurückstellen lassen. Dies kann nur mit Einwilligung des untersuchenden Arztes geschehen, auf dessen Wohlwollen die Eltern also angewiesen sind).

In den ersten 8 Schuljahren, der Waldorf-Unterstufe, wird die Klasse von dem gleichen Klassenlehrer geführt. Der Lehrer besucht einmal im Jahr die Familien seiner Schüler, um sich ein Bild von dem häuslichen Umfeld seiner Schüler machen zu können.

In der Waldorf-Oberstufe (Klassen 9–12) treten an die Stelle der Klassenlehrer zwei Tutoren. Mit der 12. Klasse endet die Waldorfpädagogik. Der hier erreichte Abschluß wird in manchen Bundesländern nur als Hauptschulabschluß anerkannt (der in den staatlichen Schulen nach 9 Jahren erreicht ist). Mittlere Reife, Fachhochschulreife und

137

Abitur werden in Sonderprüfungen vor Beauftragten der Schulämter abgelegt – die letzten beiden Qualifikationen nach zusätzlichem Unterricht in einem 13. und 14. Schuljahr. In diesen Kursen gilt die Waldorfpädagogik nicht mehr, hier wird nur noch der Lehrstoff gepaukt, der nicht zum Waldorf-Lehrplan gehört, aber für die staatliche Prüfung gelernt sein muß.

Der Stundenplan an einer Waldorfschule ist aufgeteilt in Hauptunterricht und Fachunterricht. Im Hauptunterricht, täglich die ersten beiden Stunden, werden die verschiedensten Fächer in vierwöchigen Epochen unterrichtet – also im Block, nicht wie in anderen Schulen stundenweise über das ganze Jahr verteilt. Der Fachunterricht schließt sich an – hier, im zweiten Teil des Morgens, ist auch der Platz für den Religionsunterricht. Es werden normalerweise 4 verschiedene Formen des Religionsunterrichtes angeboten: verantwortet von der evangelischen Kirche, von der katholischen Kirche und von der Christengemeinschaft, und ein sog. „freier christlicher Religionsunterricht", der von der anthroposophischen Gesellschaft verantwortet wird. Davon wird noch zu reden sein.

Der Unterricht wird angereichert durch Praktika in den Oberstufenklassen: Industrie, Handwerk, soziale Einrichtungen, Landbau und Landvermessung können erfahren bzw. erprobt werden. In bestimmten Klassen nimmt das Theaterspiel einen großen Raum ein: die Vorbereitung für das „Klassenspiel" beansprucht mehrere Wochen vollständig.

Auch der Musikunterricht wird besonders gepflegt: jedes Kind erlernt ein Musikinstrument, gemeinschaftliches Musizieren in Chor und Orchester wird gefördert. Daneben dienen Eurythmie und Kunst der Entwicklung des Schülers.

138

Es wird deutlich: der Unterricht ist nicht allein auf das Vermitteln von Wissen, auf die Schulung intellektueller Fähigkeiten abgestellt, sondern er soll den ganzen Menschen entwickeln und fördern – in der Terminologie Steiners: Er soll dem Menschen bei seiner Inkarnation helfen.

In all diesen Punkten zeigt sich die Waldorfschule als eine freundliche Alternative zum üblichen Schulsystem. Es wäre sicher wünschenswert, wenn die öffentlichen Schulen und die Schulen anderer (kirchlicher) Träger daraus Impulse übernehmen könnten.

3. Die Freie Waldorfschule – eine anthroposophische Weltanschauungsschule

In seinem Taschenbuch über die Waldorfschule stellt Christoph Lindenberg, selbst ein Waldorflehrer, dieses Schulmodell dar als eine Schule, in der die Schüler „angstfrei lernen" und „selbstbewußt handeln" können. Die Abhängigkeit von der Anthroposophie bagatellisiert er – die Anthroposophie als Ganzes auch. Sie sei nur eine Erkenntnismethode, an die die Waldorfpädagogik aber nicht dogmatisch gebunden sei. Auch sei die Behauptung falsch, daß sich die Waldorfschule an einem „Menschenbild der Anthroposophie" orientiere – ein solches gebe es nicht, es gebe nur eine stets in Entwicklung befindliche Menschenerkenntnis. In diesem Zusammenhang zitiert Lindenberg Steiner:

> „Anthroposophische Pädagogik will ja aus derjenigen Menschenerkenntnis heraus wirken, die nur auf dem Boden der geisteswissenschaftlichen Anthroposophie zu erringen ist" (Waldorfschulen: angstfrei lernen, selbstbewußt handeln, S. 19).

Aber in diesem „nur" entlarvt sich die weltanschauliche Gebundenheit dieser Pädagogik: die Steinersche Anschauung von Welt und Mensch hat hier alleinige Gültigkeit. Und da ist es folgerichtig, wenn sich die Lehrer um immer neue Verständnismöglichkeiten der Steinerschen Schriften zu bemühen haben, wenn Eltern an die Anthroposophie herangebracht werden sollen durch Vorträge, pädagogische Wochenenden und Lesekreise. Es wird nicht versucht, Steiner aufgrund neuerer Entwicklungen zu korrigieren, sondern es steht vor aller eigenen Bemühung fest, daß Steiner gültig ist. Und neuere Entwicklungen versucht man in das Korsett Steinersche Lehre hineinzuzwängen. Allerdings wird im Umgang mit Eltern und in der Öffentlichkeit die Steinersche Terminologie weitgehend vermieden.

Während nach außen gerne tolerant, liberal oder progressiv gesprochen wird, gilt nach innen die strenge Bewahrung der reinen Lehre der Anthroposophie. Hier wird konsequent darauf geachtet, daß die Waldorfschule eine von Steiners Pädagogik geprägte Schule bleibt und sich nicht wandelt zu einem weltanschaulich offenen alternativen Schulmodell – wie es von vielen Eltern verstanden wird, denen die „geisteswissenschaftliche" Wurzel unbekannt oder gleichgültig ist.

Dies ergibt sich aus einem Aufsatz des Waldorflehrers Martin Keller in einem internen „Lehrerrundbrief" des Bundes der Freien Waldorfschulen, der nicht für die Öffentlichkeit bestimmt ist, dessen Inhalt vielmehr „der persönlichen Verantwortung des Empfängers anvertraut" wird (Impressum).

Keller spricht eine offene Sprache. Er warnt vor der

140

„Unterwanderung durch fremde Interessen, die heute von seiten derer kommen können, die nur eine Alternative suchen und geschützt vor jeder Umfunktionierung im Sinne heutiger Demokratiebestrebungen (‚Wir Eltern wollen bestimmen, was in unserer Schule gelehrt wird‘)." (Gedanken zur Satzung einer Freien Waldorfschule, Lehrerrundbrief Nr. 26, 1983, 1, S. 79).

Die vielgerühmte Mitbestimmung der Eltern findet hier ihre ideologisch bestimmte Grenze. Für Keller ist es auch klar, daß eine Besetzung der Führungsgremien durch Vorschläge aus internen Kreisen geschehen soll und nicht durch Benennung von Kandidaten bei Generalversammlungen, damit die Entwicklung der Schule im Sinne der Steinerschen „Geisteswissenschaft" gewährleistet bleibt. Dieses vorrangige Interesse erfordert, daß

„eine etwa geheime Wahl innerhalb einer Mitgliederversammlung eigentlich nicht in Frage kommt" (ebenda, S. 80).

Am besten stehe in der Satzung möglichst wenig Konkretes über diese Fragen. Für den Fall, daß dennoch

„eine organisierte Elternmajorität geheime Wahlen durchsetzt und Beschlüsse erzwingt, die mit der Lehrerschaft nicht übereinstimmen" (ebenda, S. 80),

empfiehlt er, ein Vetorecht des Kollegiums in die Satzung einzubauen. Keller räumt selbst ein, daß solche Regelungen eventuell Schwierigkeiten machen können, gerade bei politisch engagierten Eltern. So empfiehlt er in diesem Zusammenhang zusätzlich, dem Vorstand per Satzung das Recht einzuräumen, Mitglieder auszuschließen ohne Angabe von Gründen, ohne die Möglichkeit der Berufung an eine weitere Instanz.

Diese interne Satzungsdiskussion mußte so ausführlich vorgestellt werden, weil sie dokumentiert, wie trotz aller Proklamation der Mitbestimmung der Eltern Sicherungen geschaffen werden, um die anthroposophische Linientreue zu bewahren.

Die Pädagogik Steiners ist denn auch als verbindlich für allen Unterricht in der Satzung festgeschrieben – ein Passus, der z.B. laut Satzung der Überlinger Waldorfschul-Genossenschaft nur einstimmig geändert werden darf.

Dennoch wird immer wieder behauptet, die Waldorfschule sei keine Weltanschauungsschule. Dies gründet einmal darin, daß die Anthroposophie von ihren Anhängern nicht als Weltanschauung bezeichnet wird (eine Selbsteinschätzung, die von Nicht-Anthroposophen kaum geteilt werden kann). Die Behauptung wird außerdem damit begründet, daß Anthroposophie in der Schule nicht gelehrt werde. Wir werden aber zeigen, wie stark Anthroposophie bis in die Lehrstoffe hinein in den Unterricht drängt – von der persönlichen Beeinflussung durch den Lehrer gar nicht zu reden.

Die Behauptung der weltanschaulichen Neutralität wird dort durchbrochen, wo es gilt, Vorteile aus der ideologischen Gebundenheit zu ziehen. So wurde im Herbst 1984 in einem Arbeitsgerichtsprozeß in Überlingen, in dem eine Sekretärin gegen ihre Kündigung durch die Schule klagte, vom Anwalt der Schule eine Erläuterung zur Kündigung gegeben (laut Prozeßbericht im „Südkurier"): Dabei wurde

„die ‚Waldorf-Pädagogik' ins Feld geführt, und es wurde auch ganz unverhohlen zum Ausdruck gebracht, daß ein Mensch, der sich ‚von vornherein nicht klar hinter die Waldorf-Idee' stelle, in einer Waldorfschule falsch am Platz sei ... Die Waldorfschule sei nun einmal ein Tendenzbetrieb und da-

142

nach hätten sich die Mitarbeiter zu richten" (Südkurier Konstanz, Nr. 229 vom 2. 10. 1984, S. 15).

Tendenzbetriebe im Sinne unserer Rechtsprechung haben das Recht, von den Mitarbeitern die Unterstützung ihrer Tendenz, ihrer Weltanschauung zu verlangen. Zu solchen Betrieben gehören Organisationen von politischen Parteien und von religiösen Gemeinschaften. Hier siedelt sich also auch die Waldorfschule an – und hier hat sie auch ihren Platz.

Daß hier die Übereinstimmung in der Weltanschauung von einer Sekretärin gefordert wird, und nicht nur von Mitgliedern des Lehrerkollegiums, zeigt, wie weit die ideologische Gleichschaltung reicht.

Die weltanschauliche Gebundenheit der Waldorfschule an die Anthroposophie Steiners, deren Grundzüge wir darzustellen versuchten, sollten alle Eltern bedenken, die ihre Kinder dieser Pädagogik anvertrauen.

4. Das anthroposophische Menschenbild als Grundlage der Waldorfpädagogik

In diesem Kapitel und im folgenden soll gezeigt werden, wie sich die Anthroposophie in der Waldorfpädagogik bzw. in ihrer Konkretisierung an der Schule zeigt.

Die Anthroposophie geht aus von der Frage nach dem Menschen. Die Waldorfpädagogik stellt speziell die Frage nach dem Werden des einzelnen. Vererbung und Umwelt reichen nach Ansicht der Anthroposophie als Faktoren für die Herausbildung eines individuellen Menschen nicht aus: seine Individualität, das, was ihn unverwechselbar macht, entsteht nicht erst mit der Empfängnis, sondern ist bereits vorher da. Aus der vorgeburtlichen Existenz sucht sich das Ich mit Hilfe höherer Mächte einen Weg ins Erdenleben. Offensichtlich kann dabei von dieser Individualität der Zeitpunkt der Inkarnation und auch die Beschaffenheit des physischen Leibes mitbestimmt werden.

Das Kind wächst im Laufe der ersten Lebensjahrsiebte in seine Leibeshüllen hinein. Diese Lebensjahrsiebte, begrenzt durch Zahnwechsel und Pubertät, haben jeweils ihre besondere Aufgabe im Heranwachsen eines Menschen: Die verschiedenen Leiber werden nacheinander angeeignet; im Kapitel über das Menschenbild Steiners wurde darüber berichtet.

Die Aufgabe der Erziehung ist es nun, *Inkarnationshilfen* zu geben. Diesem Ziel dient jede Nuance der Waldorfpädagogik von der Kindergartengruppe bis hinauf in die Abschlußklasse der Schule. Steiner hat genaue Anweisungen gegeben, wie die Inkarnation am besten zu fördern sei – seither ist genau festgelegt, was gut ist für die Entwicklung des Kindes und was schädlich, welche Bücher, welches Spielzeug, welche Lehrstoffe die Inkarnation im jeweiligen Stadium fördern und welche hinderlich sind bzw. Fehlentwicklungen einleiten. Formulierungen von Waldorflehrern zeigen, wie sehr diese Gedanken den schulischen Alltag bestimmen, wie sie die Gestaltung des Unterrichts und die Planung von Reisen und Praktika prägen. Zeugnis davon geben Artikel in der Zeitschrift „Erziehungskunst", Zeugnis davon geben auch die Mitteilungen der Schule an die Eltern, wie sie an Waldorfschulen üblich sind.

So schreibt ein Waldorflehrer über eine Bergwanderung mit einer Klasse:

144

„Man sieht es den Schülern an, wie mit jedem Tag ihr Fuß sicherer wird, wie ihr Ich den Leib ergreift und durchdringt. Gibt es aber für den Pädagogen etwas Schöneres, als dem jungen Menschen bei seiner Inkarnation zu helfen?" (Mitteilungen der Waldorfschule Überlingen, Heft 15, 1979).

Im gleichen Tonfall schreibt ein anderer über das Schmieden:

es „hilft (dem Schüler) sehr, seinen Leib zu ergreifen, das ist oft eine sehr wirkungsvolle Inkarnationshilfe". Dies „ist sicher auch so wirksam, weil es an Erlebnisse früherer Erdenleben anschließen mag" (ebenda, Heft 24, 1982).

Solche Beispiele ließen sich beliebig vermehren. Die Entwicklung des Schülers wird gesehen unter anthroposophischem Blickwinkel. Ihm wird gegeben, was Steiner für ihn für sinnvoll und richtig gehalten hat.

Hier stellt sich die Frage, inwieweit dieser methodische Ansatz in die Inhalte des Unterrichts hineindringt.

5. Anthroposophie als Lehrstoff?

Steiner hat immer wieder betont, Anthroposophie sei in den Waldorfschulen kein Lehrstoff. Und es stimmt: Ein Lehrfach mit diesem Namen, in dem Steinersche „Geisteswissenschaft" unterrichtet würde, gibt es nicht. Aber das bedeutet noch nicht, daß damit bereits die Gewähr gegeben sei, Anthroposophie dringe nicht in den Stoff des Unterrichts hinein. Wir haben gesehen, wie intensiv die Waldorfpädagogik aus ihrer Verbundenheit mit der Anthroposophie lebt. Wie könnte das ohne Folgen bleiben für den Unterricht?

Schon Rudolf Steiner möchte Anthroposophie in den Unterricht hineinbringen – allerdings verdeckt, nicht so offensichtlich:

> „Man muß sich bemühen, möglichst ohne daß man theoretisch Anthroposophie lehrt, sie so hineinzubringen, daß sie darinnen steckt" – so fordert Steiner (Stockmeyer, Rudolf Steiners Lehrplan, S. 335).

Und an anderer Stelle formuliert er als Ziel für die Waldorfschule:

> „Also eine Weltanschauungsschule wollten wir ganz gewiß nicht schaffen, wie man leicht denken könnte . . ., sondern es handelte sich darum, Anthroposophie in die pädagogische Praxis hineinzutragen" (ebenda, S. 343).

Hier hören wir von Steiner selbst, daß Anthroposophie in die Schulen hineingehört – nicht als separater Stoff, wohl aber als Durchdringung des Ganzen, als Methode – und dann auch mit einer gewissen Konsequenz in der inhaltlichen Gestaltung so manchen Unterrichtsfaches.

Eigentlich fängt es schon bei ganz harmlosen Dingen an – z.B. in der Kunst. Die Art, in der Schüler malen, plastizieren, schnitzen, entspricht einer Kunstauffassung, die nur innerhalb der Anthroposophie Geltung besitzt. Die Kinder geraten von der 1. Klasse ab mit der Weise, wie ihnen Kunst nahegebracht wird und wie ihnen der Gebrauch der Farben erklärt wird, in eine Außenseiterposition. Sie unterscheiden sich von Anfang an von all den anderen Kindern, die eben nicht zur Waldorfschule gehen.

Im 3. Schuljahr wird den Schülern im Deutschunterricht

die Geschichte des Alten Testaments erzählt – als ein Menschheitsmythos neben anderen. Für diesen Teil des Unterrichts liegt ausnahmsweise ein Lehrbuch vor, der weitaus größte Teil des Unterrichts wird ohne Lehrbücher erteilt, die Lehrer verfassen die Unterrichtsmaterialien selber, und die Schüler übertragen sie in ihre Hefte.

Dieses „Biblische Lesebuch" entnimmt die biblischen Texte im wesentlichen einer Bibelübersetzung für Kinder, die 1848 (!) erschienen ist. Warum dieser alte Text? Nun – Steiner selbst hatte ihn bei Einrichtung der ersten Waldorfschule empfohlen. Und darum werden dann neuere Übertragungen, die der Sprache des Kindes angemessener wären, außer acht gelassen. Hier zeigt sich an einem kleinen Beispiel, wie genau Steiners Anregungen bis heute befolgt werden.

In diesem Buch werden die biblischen Texte häufig aus ihrem ursprünglichen Zusammenhang gerissen. So folgt auf den ersten Teil der Schöpfung zunächst die Geschichte von Erschaffung und Aufruhr der Engel und vom Sieg Michaels über die Rebellen aus der Offenbarung des Johannes. Erst danach wird von der Erschaffung des Menschen berichtet.

In den Text eingestreut sind zahlreiche jüdische Legenden, die zwei Schwerpunkte zeigen: die Verherrlichung Michaels und spiritualisierende Deutungen und Fortführungen der Bibeltexte. Diese Legenden sind zwar im Druck durch eine kursive Schrifttype vom Bibeltext abgehoben, sie sind jedoch so sehr in den fortlaufenden Erzählzusammenhang eingewoben, daß für den Schüler später kaum erinnerbar sein kann, ob es sich bei einer Geschichte um einen biblischen Text gehandelt hat oder um eine spätere jüdische Legende.

Es entsteht so der Eindruck beim Schüler, jene Michaels-Verherrlichung, wie sie die Anthroposophie lehrt, und jene Bibeldeutung, die Aussagen spiritualisiert, seien der Bibel selbst entnommen und fänden dort ihre Legitimierung. Eine spätere Übernahme solcher anthroposophischer Lehren wird damit vorbereitet.

Die gleiche Tendenz läßt sich im Geschichtsunterricht zeigen. In der 5. Klasse steht die Frühgeschichte des Menschen auf dem Lehrplan. Nach einem Schülerheft (zustandegekommen durch Lehrer-Diktat) wurde dieser Klasse beigebracht, daß um das Jahr 8.000 vor Christus Atlantis bestanden habe. Durch die konkrete Jahreszahl wird diese Sage nicht dem Bereich des Mythos zugeordnet, sondern sie wird fest mit der urkundlich belegten Geschichte verknüpft. Und was dort an Einzelheiten über Atlantis und seine Bewohner geschrieben steht, das ist allein aus Steiners „Akasha-Chronik" zu erheben:

„Die Menschen, die Atlantis bevölkerten, waren von uns sehr verschieden. Sie hatten ein ausgezeichnetes Gedächtnis, konnten aber noch wenig denken und urteilen. Wie Kinder sprachen sie von sich nur in dritter Person. Doch ihre Willens- und Sprachkraft war gewaltig. Sie konnten mit der Sprache Wunden heilen, wilde Tiere zähmen, ja, das Wachsen der Pflanzen beschleunigen oder hemmen. Sie lebten in einer dichten, nebeligen Luft, durch die nie Sonne schien. Ihre Priesterburgen ragten hoch empor und die des Manu reichte sogar bis zum goldglänzenden Sonnenlicht."

Es fehlen nur die von Steiner aus der „Akasha-Chronik" entnommenen Fahrzeuge der Atlantier!

148

Ist es aber verantwortlich, Kinder solche „Geschichte" zu lehren? Welch ein Geschichtsbild wird da vermittelt! Wie ununterscheidbar wird Mythos und urkundlich erforschte Historie!

Im gleichen Schuljahr wird der Unterricht fortgeführt mit der oben bereits erwähnten Verquickung aller Religionen, Religionsstifter und Kulturen: Manu gelangt aus Atlantis vor dem Untergang dieses Kontinents mit der Hilfe Brahmas nach Indien, so lesen wir weiter im Schülerheft. Dort lehrt er, lehren seine Schüler, die Rishis, dort erneuert Buddha die Religion, von dort gehen Impulse nach Persien, wo Zarathustra seine Religion gründet. Der Bogen spannt sich weiter über Babylonien, Ägypten bis nach Griechenland. Dieser großzügige Geschichtsüberblick wird verknüpft durch Begebenheiten, die außerhalb der Anthroposophie niemand kennt und die dort auch keine Gültigkeit erlangen.

Das Weltbild der 12- und 13jährigen Schüler unterscheidet sich also in wesentlichen Punkten von dem Weltbild ihrer Altersgenossen in den öffentlichen Schulen.

An vielen weiteren Punkten läßt sich der anthroposophische Einfluß im Lehrplan zeigen. Lehrplan der Waldorfschule – das sind die Angaben, die Steiner selbst gemacht hat auf den ersten Konferenzen der Stuttgarter Waldorfschule, in den Kursen für die ersten Waldorflehrer. Sie sind gesammelt in dem Buch von E.A. Karl Stockmeyer: Rudolf Steiners Lehrplan für die Waldorfschule.

Beschränken wir uns auf einige Fächer. Für den Geschichtsunterricht der 12. Klasse fordert Steiner, man solle

„durchaus dann Dinge hineingeben ... ohne daß man ‚anthroposophische Dogmatik' lehrt ... die wirklich innere Spiritualität haben" (Stockmeyer, Rudolf Steiners Lehrplan, S. 170).

Diesen Vorschlag führt Steiner exemplarisch an einem Thema des Geschichtsunterrichts aus:

> Zum Beispiel: ich habe einmal . . . entwickelt, wie die sieben römischen Könige ganz nach den sieben Prinzipien des Menschen aufgebaut sind, denn das sind sie. Natürlich darf man nicht in äußerlicher Weise sagen: Romulus ist der physische Leib usw., aber das innere Gefüge der Livius-Königsgeschichte ist so, daß man im Aufbau dieses hat . . .
>
> Ebenso baut sich auf in einer sehr schönen Weise die Entwicklung der orientalischen Geschichte: die indische Geschichte, da haben wir eine Ausgestaltung des physischen Leibes, in der persischen Geschichte des Ätherleibes, in der ägyptisch-chaldäischen des Astralleibes. Aber man kann es natürlich nicht in dieser Form geben, sondern zeigend, wie die im Astralischen lebenden Menschen Sternwissenschaften haben, wie die Juden das Ich-Prinzip im Jahwe-Prinzip haben, und wie die Griechen zum ersten Mal eine wirkliche Naturanschauung haben" (ebenda, S. 170/171).

Ein solches Geschichtsbild steht also hinter dem Geschichtsunterricht der Waldorfschule! Solche Theorien bilden den Hintergrund eines Fachunterrichtes!

Daß diese Art der Anschauung der Geschichte in den Kategorien der Geisteswissenschaften für Waldorfpädagogik nicht eine Randerscheinung ist, zeigt ein kleiner Abschnitt aus den bereits mehrfach zitierten „Mitteilungen". Dort findet sich in einem Beitrag „Zum Kunstunterricht in der Oberstufe" die Zuordnung „Empfindungsseele" (Ägypten), „Verstandes- und Gemütsseele" (Griechenland, Rom und das Mittelalter), „Bewußtseinsseele" (Neuzeit) (Heft 28, 1983, S. 12).

Auch hier stoßen wir wieder auf dieses Verdecken der Anthroposophie im Unterricht: Die Terminologie soll

150

nicht gelehrt werden, wohl aber das, was mit ihr ausgedrückt ist.

Schauen wir auf ein anderes Fach. Steiners Empfehlun-
gen in bezug auf die Tierkunde münden ein in folgendes
Lernziel:

„Das Kind muß gewissermaßen zunächst ein Gefühl davon
bekommen, daß alles Menschliche vereinseitigt die ganze Erde
bewohnt, daß die Tierwelt die ganze Menschheit vereinseitigt
in ihren einzelnen Exemplaren ist. Und dann muß das Kind
den großen Moment erleben, wo man ihm zusammenfaßt, wie
alles dasjenige, was ausgebreitet ist in der Tierwelt, im
Menschen konzentriert ist ... Der Extrakt und die synthetische Zusammenfassung der ganzen Tierwelt ist auf einer höheren Stufe der Mensch als physischer Mensch" (ebenda,
S. 193/194). „Man bekommt das Tierreich als den auseinander-
gelegten Menschen, als den in fächerförmige Glieder über die
Erde ausgebreiteten Menschen" (ebenda, S. 195).

Diese Sicht würde wohl kaum ein Biologe oder Anthro-
pologe, der naturwissenschaftlich ausgebildet ist, teilen!

Auch Steiners Vorstellung von der Geologie entspricht
nicht dem allgemeinen wissenschaftlichen Verständnis.
Für ihn spielen Astralkräfte in die Geologie hinein. Dies
möchte er allerdings im Unterricht (noch?) nicht verbreitet
wissen, da er um die Reputation der Schule fürchtet:

Man müßte den älteren Schülern klarmachen, „daß ja eigentlich ... solch eine Insel wie z.B. die britische Insel, im Meere
schwimmt und festgehalten wird von außen durch Sternen-
kräfte ... Die sitzt nicht auf Grund auf, sie schwimmt, sie wird
von außen festgehalten. Im Ganzen, im Prinzip, ist die konti-
nentale Gestaltung und Inselgestaltung von außen durch den
Kosmos bewirkt ... Das sind Wirkungen des Kosmos, Wirkungen der Sternenwelt. Die Erde ist durchaus ein Spiegelbild

des Kosmos, nicht etwas, was von innen bewirkt wird. Solche
Dinge können wir aus dem Grunde nicht bringen, . . . dann
würden wir in einen schrecklichen Ruf kommen" (ebenda,
S. 186).

Das alles sind Einzelheiten. Viele andere könnten beigebracht werden. Zu untersuchen wäre z.B., welche anthroposophischen Inhalte und Haltungen in der Eurythmie
transportiert werden. Zu untersuchen wären die Morgen-
sprüche, die jeden Tag von jeder Klasse zu Beginn des
Unterrichts gemeinsam mit dem Lehrer gesprochen werden und die großenteils Texte von Rudolf Steiner sind.

Hier soll nur darauf aufmerksam gemacht werden, daß
Anthroposophie in den Unterricht hineinragt.

6. Der Religionsunterricht

Wie bereits angedeutet, wird an einer Waldorfschule Religionsunterricht in vierfacher Gestalt angeboten: verantwortet von den Konfessionen (evangelische und katholische Kirche, Christengemeinschaft) und verantwortet von
der Schule („Freier christlicher Religionsunterricht"). Die
Teilnahme an einem dieser Unterrichtsangebote ist für die
Schüler verpflichtend.

Das Angebot eines konfessionellen Unterrichts hat
Steiner selbst als einen Kompromiß bezeichnet, den er not-
gedrungen eingehen mußte – ein Zugeständnis an Eltern
und Gesellschaft:

„Wir werden ja mit Bezug auf die Unterweisung im Religionsunterricht Kompromisse schließen müssen; das wissen Sie ja.

Dadurch wird in unseren übrigen Unterricht dasjenige nicht hereinfließen können, was einmal allen Unterricht als religiöses Element wird durchseelen können. Daß wir solche Kompromisse schließen müssen, rührt davon her, daß eben die Religionsgesellschaften sich heute in einer kulturfeindlichen Weise zur Welt stellen" (Stockmeyer, Rudolf Steiners Lehrplan, S. 342).

Der letzte Satz bedeutet nichts anderes, als daß die Kirchen die Anthroposophie ablehnen. Und so wird der konfessionelle Religionsunterricht zu einem ungeliebten Fach. Steiner sieht ihn als Fremdkörper, er sei „in den übrigen Unterricht hineingepfercht" (ebenda, S. 342), ein Unterricht, der nur aus einem „Substrat von sentimentalen Redensarten und Phrasen" besteht (ebenda, S. 341).

Bis heute ist an den meisten Waldorfschulen der konfessionelle Religionsunterricht ein Randfach, mit einer Stunde pro Woche zur Bedeutungslosigkeit verurteilt. Und die kirchlichen Lehrer haben gar keinen oder nur begrenzten Zugang zu den Schulkonferenzen, sie bleiben Außenseiter. Ein Gegengewicht gegen die anthroposophische Beeinflussung der Schüler kann durch sie kaum erfolgen.

Der Schule gemäß ist der sogenannte „Freie christliche Religionsunterricht". Es handelt sich dabei keineswegs um einen religionsgeschichtlich oder religionswissenschaftlich orientierten Unterricht – wie das Wort glauben macht – sondern schlicht um einen *anthroposophischen Religionsunterricht*, getragen von der Anthroposophischen Gesellschaft und unterrichtet von Lehrern, denen diese Gesellschaft die Genehmigung dazu erteilt hat. In ihm werden die spezifisch anthroposophischen Sichtweisen von Reinkarnation und Karma, von Gott, Christus und den geistigen Wesenheiten usw. den Schülern nahegebracht.

Natürlich ist es das gute Recht einer Weltanschauungs-gemeinschaft, die eine Schule betreibt, ihre Sichtweise in dem von ihr verantworteten Unterricht zur Sprache zu bringen. Aber die Benennung ist falsch! Die Bezeichnung „Freier christlicher Unterricht" kommt einer Täuschung der Eltern gleich. Steiner selbst sprach bisweilen vom „anthroposophischen Religionsunterricht" (ebenda, S. 343). Diese Benennung ist ehrlicher und entspricht der Sache. Die Eltern müßten darüber informiert sein, daß sie ihre Kinder in diesem Unterricht anthroposophisch erziehen lassen, daß es seitens der Schule mit Recht als unvereinbar bezeichnet wird, wenn Kinder aus diesem freien Religions-unterricht heraus den Konfirmandenunterricht der evange-lischen Gemeinde besuchen wollen.

Die Schüler des freien Religionsunterrichts bilden ge-meinsam mit Eltern und Lehrern eine eigene Gemeinde. Für sie wird in der Schule eine besondere „Sonntagshand-lung" angeboten und auch ein Ritus, der der Konfirmation entspricht („Jugendfeier").

Diese gottesdienstlichen Handlungen sind nicht zu ver-wechseln mit den Feiern der Christengemeinschaft (dazu s.u.).

7. Pädagogik und Gesundheit

Mit der Bestimmung der Pädagogik als Inkarnationshilfe ist bereits ausgedrückt, daß sie nicht nur auf den Intellekt des Menschen wirkt, sondern den ganzen Menschen im Blick hat bzw. haben soll. So wie eine gelingende Pädagogik, die den richtigen Erkenntnissen folgt, das Zusammenspiel aller Wesensglieder des Menschen fördernd prägt, so kann –

nach Steiner – auch das Gegenteil geschehen, wenn eine Pädagogik falschen Einsichten folgt. Nun – wir wissen alle, wie wichtig eine gute Erziehung, wie entscheidend die liebevolle Zuneigung für das spätere Leben eines Kindes ist. Wir wissen auch, daß psychische Fehlentwicklungen körperliche Krankheiten hervorrufen können. Was allerdings Steiner als Folgen eines schlechten Unterrichts androht, das geht weit über diese allgemein bestätigten Zusammenhänge hinaus.

Steiner warnt z.B. davor, zu früh am Morgen Grammatik zu unterrichten, denn

„dann versetzt man das Kind in die Lage, daß, während es da unterscheiden muß, ob irgend etwas Indikativ ist oder Konjunktiv, daß es dazu sein ganzes Frühstück, von der Seele unbeeinflußt, in seinem Organismus kochen läßt, und man kultiviert dann für eine Zeit, die vielleicht 15 oder 20 Jahre später liegt, eine richtige Magenverstimmung bei dem Kinde wie Darmkrankheiten usw. Die Gedärmkrankheiten kommen sehr häufig von dem Unterricht in Grammatik" (Stockmeyer, Rudolf Steiners Lehrplan, S. 56).

Und wenn das Aufsatzschreiben nach einem vorher verfertigten gedanklichen Abriß zu früh beginnt,

„ist das wiederum so, daß man das Kind . . . zu seelischer Rachitis bringt, zu einer innerlichen Untüchtigkeit und Schwächlichkeit im späteren irdischen Lebensalter" (ebenda, S. 69/70).

Und das Rechnen beeinflußt gar die Moral:

Es „stellt sich die Sache so, daß das eine Kind, das in der richtigen Weise an das Rechnen herangebracht worden ist, ein ganz anderes moralisches Verantwortungsgefühl im späteren Alter hat als dasjenige Kind, das nicht in der richtigen Weise an das Rechnen herangebracht worden ist" (ebenda, S. 130).

Ja, die ganze Weltgeschichte hätte einen anderen Verlauf genommen, wenn Steiners Methode, Rechnen zu lernen, schon früher Eingang in die Schulen gefunden hätte:

> „Wenn wir nämlich als Menschen in den verflossenen Jahrzehnten verstanden hätten, die menschliche Seele in der richtigen Weise in den Rechenunterricht tauchen zu lassen, hätten wir heute keinen Bolschewismus im Osten Europas" (ebenda, S. 130).

Ob das nicht – man verzeihe die Respektlosigkeit – eine spirituelle Milchmädchenrechnung ist?

Auch verfrühte naturgeschichtliche Betrachtungen haben ihre Spätfolgen: Sie

> „machen in der Tat das Kind später trocken, trocken bis dahinein, daß ein guter Beobachter es, ich möchte sagen, an der Anlage zur Vergilbtheit der Haut beim Menschen bemerken kann, wenn zu früh naturgeschichtliche Begriffe an das Kind herangebracht werden" (ebenda, S. 200).

Diese Auslese mag reichen. Wir finden hier wieder jene Übersteigerung der Bedeutung des eigenen Tuns, das wir bei der Darstellung der Anthroposophie so oft feststellen konnten.

Und es kann nur die Frage gestellt werden, welch eine Steigerung des Selbstgefühls bei einem Lehrer bewirkt wird, wenn seine Aufgabe diese gewaltige Bedeutung für Wohl und Wehe der Schüler bekommt.

8. Die Waldorfschule als Kulturstätte

Nach dem eigenen Verständnis möchte die Waldorfschule nicht bloß Ort des Lernens für die Schüler sein, sondern

156

zugleich eine Kulturstätte, die auf das gesellschaftliche Umfeld wirkt.

In ihren Räumen werden Konzerte und Theateraufführungen veranstaltet, aber auch Vorträge gehalten zu pädagogischen und anthroposophischen Themen. Seminare, Elternabende, Pädagogische Wochenenden und Lesekreise versuchen, Pädagogik in der Beleuchtung Steiners den Eltern und anderen Interessenten zu vermitteln. Hier wird direkt oder auch verhüllt in die Lehre Steiners eingeführt.

Vor allem die Eltern werden in besonderer Weise angehalten, sich mit den Grundlagen der Waldorfpädagogik zu befassen, denn es wird erwartet, daß sie die Arbeit der Schule positiv unterstützen und nicht etwa einen anderen Lebensstil pflegen. So sollen sie darauf achten, daß die Kinder nicht fernsehen – und sie sollen es nach Möglichkeit selbst auch nicht tun. Es wird erwartet, daß sie auf Ernährung und Kleidung achten – und biologisch-dynamisch angebaute Produkte bevorzugen, bzw. synthetische Stoffe meiden. Mit pädagogischem Recht wird ein Anspruch formuliert, der dann für das Leben der Eltern Konsequenzen mit sich bringt:

„Für jedes Kind ist es natürlich von größter Bedeutung, daß im Elternhaus alles, was das Kind in der Schule aufnimmt, mit positiven Gedanken begleitet und unterstützt werden kann" (Mitteilungen der Waldorfschule Überlingen Heft 12, 1979), S. 42).

Das Mitteilungsblatt, das die Waldorfschulen herausgeben, um den Kontakt zu den Eltern zu pflegen, ist selbst ein Organ für anthroposophische Weltanschauung. Andachtähnliche Texte von Lehrern des Freien Religionsunterrichts und von Priestern der Christengemeinschaft vermit-

157

teln anthroposophische Sichtweisen der kirchlichen Feste (z.B. wird dort Ostern verstanden als „Weltverjüngungsfest aller Schöpfung", Heft 16, 1980; ähnliche Formulierungen ließen sich in großer Zahl beifügen).

Neben Berichten aus dem Schulalltag (häufig anthroposophisch interpretiert, vgl. oben Bergwandern und Schmieden als Inkarnationshilfe) prägen Artikel über Waldorfpädagogik und Steiners Menschenbild die Hefte – wobei auch hier die spezifische Terminologie Steiners gerne vermieden wird, sie könnte wohl die Eltern verschrecken.

Zu dieser recht direkten Beeinflussung kommt eine indirekte hinzu. Der Schularzt behandelt die Kinder nach anthroposophisch-medizinischen Grundsätzen – da ist es schwer, bzw. kaum möglich, einen „Schulmediziner" zum Hausarzt zu haben. Von der Beeinflussung der Ernährung und der Kleidung war bereits die Rede.

So geraten Familien mehr und mehr in den Einfluß der Anthroposophie und entfernen sich von ihren früheren Lebensgewohnheiten – und oft genug damit zugleich von ihren früheren Bekannten und Freunden. Neue Beziehungen in der Schule werden aufgebaut – das Gemeinschaftsgefühl wird gesteigert durch gemeinsame Aktivitäten im Umfeld der Schule, sei es bei Bazar-Arbeitsgruppen, sei es bei der Teilnahme an Bauarbeiten an einem Schulneubau.

So bilden die Waldorffamilien eine neue Gemeinschaft von Gleichgesinnten, in deren Kreis man sich wohlfühlt – und viele merken nicht, wie stark sie sich abschirmen von Andersdenkenden. Oft genug werden auch die Beziehungen zur Kirchengemeinde abgebrochen.

Dieser Prozeß verläuft natürlich nicht bei allen Waldorfeltern in der geschilderten Weise, aber die Tendenz läßt sich feststellen.

9. Fazit

Die Waldorfschule erscheint im Rückblick auf die vorigen Kapitel ambivalent. Einerseits gibt es unbestreitbar Elemente in ihrer Pädagogik, die für jede Schule eine Bereicherung sein könnten. Das gilt für die Betonung der Kreativität, die Einbeziehung des sozialen Verhaltens in den Lernprozeß und die Einbeziehung praktischer Arbeiten in das Unterrichtsgeschehen. Das gilt auch für die Entkrampfung des Schulalltags durch die Beseitigung des Leistungsdrucks. Allerdings bringt gerade das Letzte wiederum große Probleme mit sich, denn bei so manchem Schüler wird auch der Wille zur Leistung erstickt, den er benötigt, wenn er den geschützten Raum der Schule verlassen wird. Und die Ablehnung des Prinzips, daß ein Schüler, der das Ziel der Klasse nicht erreicht, diese Klasse wiederholen muß, führt dazu, daß in den Oberstufenklassen viele Schüler sitzen, die mit ihrem schwachen Leistungsvermögen andere am Fortkommen hindern. Die starke Betonung der musischen Fächer bringt eine Vernachlässigung der Naturwissenschaften oder gar der Computertechnik mit sich. So manchem Oberstufenschüler wird das schmerzlich bewußt.

Über dieses pädagogische Konzept – auch über den Epochenunterricht – kann man aber unter Pädagogen in Für und Wider diskutieren. Undiskutiert bleibt der Anspruch, diese Pädagogik sei auf der einzig wahren Menschenkunde gegründet.

Und schwer wiegt der Einfluß, den diese anthroposophische Menschenkunde auf den Schulalltag nimmt – auf die Behandlung des Schülers und auf die Lernstoffe, die man ihm nahebringen möchte. Da ist die Anthroposophie allge-

159

genwärtig, indirekt im Hintergrund, bisweilen sehr direkt bis in den Unterrichtsstoff vorstoßend. Auf die „Geisteswissenschaft" wird höchster Wert gelegt – alle Versuche, die Schule zu einem „nur" alternativen Schulmodell umzufunktionieren, sollen verhindert werden.

Die Waldorfschule versteht sich als „Tendenzbetrieb", der alle Mitarbeiter in die Pflicht anthroposophischer Gesinnung nimmt. Für diese Weltanschauung wirbt sie in zahlreichen Veranstaltungen und Veröffentlichungen.

Eltern sollten diesen Einfluß nicht gering schätzen, sie sollten wissen, daß die tolerante und offene Außenseite nicht mit der Innenseite übereinstimmt. Und sie sollten wissen, daß diese so spontan aussehende Pädagogik gebunden ist an eine höchst eigentümliche Philosophie aus dem Beginn unseres Jahrhunderts.

Das starke Anwachsen der Waldorfschulen in den letzten 15 Jahren weist auf eklatante Fehlentwicklungen im öffentlichen Schulsystem hin – und auf die überstarke Angleichung der Schulen anderer freier Träger an diese „Staatsschulen". Die Fehlentwicklungen der Intellektualisierung und der Schaffung einer anonymen Atmosphäre in großen Schulzentren tragen sicherlich erheblich dazu bei, daß viele Eltern in der Waldorfschule einen Raum suchen, in dem die Kinder mit Blick auf ihre individuellen Fähigkeiten erzogen werden, in dem Eltern, Lehrer und Schüler eng kooperieren und in dem nicht nur intellektuelle Fähigkeiten gefördert werden.

Diese Entscheidung wird vielleicht auch mitbedingt durch ein Bild von der Waldorfschule, das der hauseigenen Propaganda entnommen ist. Da gibt es immer nur fröhliche Lehrer mit unendlicher Geduld und Langmut, begeisterte Schüler, zufriedene Eltern, da lebt man immer gelassen, locker, vertraut miteinander. Das ist natürlich nur die eine Seite der Medaille. Es gibt – wie bei jeder Institution – auch hier die Kehrseite: Schüler, die enttäuscht die Schule verlassen und verzweifelt versuchen, im so anders strukturierten öffentlichen Schulsystem ihren Platz zu finden, Eltern, denen der spezielle Waldorf-Stil und die dort vertretene Tendenz nicht paßt, gestreßte Lehrer, verärgerte und ungerechte. Wie an anderen Schulen auch!

Eltern sollten all dies bedenken und sich gründlich informieren, bevor sie ihre Kinder auf eine Waldorfschule geben: der Schritt ist nur sehr schwer zu revidieren. Und sie sollte sich im klaren sein über den weltanschaulichen Einfluß, dem sie ihre Kinder aussetzen.

X. Die Christengemeinschaft

1. Die Entstehung der Christengemeinschaft

Die Christengemeinschaft wurde 1922 in Dornach gegründet. Nicht von Rudolf Steiner selbst, aber in einem unmittelbaren Kontakt mit ihm.

Junge Theologen hatten sich um Steiner versammelt, hauptsächlich aus dem Bereich des Protestantismus. Die dominierende Persönlichkeit in diesem Kreis war der weit bekannte Pfarrer Friedrich Rittelmeyer. Emil Bock, damals Student, später Nachfolger Rittelmeyers als Leiter der Christengemeinschaft, erinnert sich an seine erste Begegnung mit ihm:

> „Ich fühlte, hinter Rittelmeyer müsse noch etwas anderes oder ein anderer stehen, und ich wartete mit Spannung auf den Augenblick, da sich mir im Gespräch und im Umgang mit ihm dies Rätsel lösen würde. Und dann sprach Rittelmeyer von Dr. Rudolf Steiner, als von dem, den er für den größten gottgesandten Zeitgenossen hielt" (Religiöse Erneuerung, in: Wir erlebten Rudolf Steiner, S. 35).

An den Meister, an Rudolf Steiner, brachten sie Fragen heran, „die sich auf eine Erneuerung des religiösen Lebens bezogen" (ebenda, S. 39). Steiner läßt seine Bereitschaft erkennen, auch für die religiöse Erneuerung zu wirken. Er antwortet auf die Anfragen zwar,

> „er habe die Geisteswissenschaft zu bringen und könne nicht irgendwie religionsbegründend auftreten" (ebenda, S. 40).

162

Aber im gleichen Atemzug erklärt er sich bereit, einen Kurs für junge Theologen abzuhalten. Folgen wir Emil Bocks Darstellung, so verlief dieser erste Kurs im September 1921 nicht nur positiv – die richtige Einstellung fehlte bei manchen Teilnehmern:

> „Nun waren unter die Teilnehmerschaft im September doch eine Reihe solcher protestantischer Theologen geraten, die kein Gefühl dafür hatten, daß das intellektuelle Diskutieren, wie es ihnen zum Lebenselement geworden war, den Tod der Religion bedeutet" (ebenda, S. 42).

Auch zeigt sich die Enttäuschung der Initiatoren, daß

> „bei weitem nicht alle Teilnehmer des Kurses den Mut haben würden, Träger der zu begründenden religiösen Bewegung zu sein" (ebenda, S. 43).

Aber es wurde

> „über die Köpfe der in Tradition und Diskussion Verstrickten hinweg . . . so gesprochen, als wären nur solche Menschen anwesend, die dann auch wirklich das von der geistigen Welt Gewollte voll in ihren Willen aufnehmen und in Erdentatsachen umsetzen wollten" (ebenda, S. 43).

Wie wird hier mit Andersdenkenden umgegangen: Wie werden diejenigen, die nicht zustimmen, diffamiert als oberflächlich Diskutierende, als Menschen ohne Mut mit Auffassungen von gestern!

Eine ausführliche Darstellung der Ereignisse um die Gründung der Christengemeinschaft verdanken wir Gottfried Husemann, der an den ersten Treffen und Kursen mit Rudolf Steiner teilgenommen hat. In seinen Ausführungen zeigt sich die Bedeutung, die die Teilnehmer dieser ersten Zusammenkünfte dem Entstehen einer neuen Religionsgemeinschaft auf der Basis der Anthroposophie beigemessen haben. Seine Schilderung zeigt die enge Verbindung von Christengemeinschaft und Anthroposophischer Gesellschaft von den Anfängen an, auch wenn beide gerne ihre Unabhängigkeit voneinander betonen.

Husemann skizziert die Anfänge:

> „Zuerst die theologische Orientierung ... Am zweiten Tag hielt Dr. Steiner wie aus einer großen, allgemein-menschlichen Verantwortung heraus einen umfassenden Vortrag über die Frage der Gemeinschaftsbildung, schilderte das Scheitern der Jugendbewegung und ihr Ende in Cliquenbildung, kam sodann auf die Schwierigkeiten der Gemeinschaftsbildung innerhalb der anthroposophischen Bewegung zu sprechen und skizzierte uns die Aufgaben der künftigen Gemeinschaftsbildung auf religiösem Felde ..."
> (Rudolf Steiner und die Begründung der Christengemeinschaft, S. 153).

Von Rudolf Steiner geht der Vorschlag aus: Sie müssen „freie Gemeinden gründen" (ebenda, S. 154). Die jugendlichen Teilnehmer des Kurses gehen begeistert auf diesen Vorschlag ein – und am folgenden Morgen beginnt Steiner „mit der religiösen Erziehung dieser Jugend" (ebenda, S. 154).

Die Richtung dieser Erziehung ist bemerkenswert: Zuerst wird die Kritik verfemt, danach werden die bisherigen Lebensbezüge der Studenten, die Theologie und ihre Repräsentanten, negativ charakterisiert:

> „Da mußte man auch vor allem ein neues Verhältnis zur Kritik kennenlernen. So wie Dr. Steiner die Haltlosigkeit der

164

Theologismen durchschaubar machte, die Unwahrhaftigkeit ihrer Vertreter charakterisierte und die bösartige Entschlossenheit der Kirchenleitungen schilderte, verlor er dabei doch nie all die Menschen aus dem Auge, die von diesen Dingen heute abhängig sind" (ebenda, S. 155).

Husemann findet höchste Worte für Steiners Rolle bei der Begründung der Christengemeinschaft. Die erste Kultushandlung beschreibt er mit folgenden Worten:

„Nun führte er (= Steiner) uns unmittelbar in den Geist der Kultushandlung ein. ‚Die Gegenwart des Christus muß herbeigeführt werden, und sie kann herbeigeführt werden'. Im entscheidenden Augenblick erhob er sich von seinem Stuhl und trat, das Angesicht uns allen zugewendet, neben den Altar . . . ‚Nehmt es hin', sagte er, ‚aus geistigen Welten herunter erbeten – nehmt es hin und vollbringt es kraft eurer eigenen Weihehandlung'.
Auf uraltes Mysterienwissen wurde zurückgegriffen . . . Damit war die Christengemeinschaft als Bewegung für religiöse Erneuerung inauguriert, unter Dr. Steiners Leitung und Anweisung. Er brachte die Substanz der Weihe" (ebenda, S. 160).

Auch den Namen „Christengemeinschaft" hat Steiner gegeben (ebenda, S. 160). Und Steiners Neigung, alles, was er tut, als epochales Ereignis zu feiern, begleitet den Anfang der Christengemeinschaft:

„Da muß ich Ihnen sagen, daß es meine Überzeugung ist, daß, wenn Sie jetzt nicht etwas Neues begründen, dann wird es in hundert Jahren überhaupt keine christliche Kirche mehr geben" (ebenda, S. 157).

Soweit Husemanns Darstellung. Die Christengemeinschaft ist also in gleicher Weise der Person Steiners verbunden wie die Anthroposophie. Sie erhält von ihm in gleicher Weise das Bewußtsein, zeitgemäße Interpretin uralter Mysterienweisheit, biblischer Christus-Wahrheit und anthroposophischer Geisterkenntnis zu sein.

Die Ausformung der Christengemeinschaft ist mit zwei Namen verbunden: Friedrich Rittelmeyer und Emil Bock – der eine ein geachteter und beliebter evangelischer Pfarrer, der andere ein suchender Student. Sie fanden zu Steiner in einer Zeit, in der die Kirche – wie auch die ganze Gesellschaft – von großen Umwälzungen betroffen war.

Für die evangelische Kirche bedeutete der Erste Weltkrieg eine starke Zäsur. Die bis 1914 geltende Theologie, die sogenannte liberale Theologie, war eine typische Theologie der Wohlstandsjahre seit 1871. Ihre Leitidee war eine fortschreitende Christianisierung der Welt in einem christlichen Staat, in dem die Kirche bei der Gestaltung der Gesellschaft an führender Stelle mitarbeitet. Die enge Verbindung von „Thron und Altar" war institutionalisiert in der Rolle des Landesfürsten als des obersten Herrn der Kirche. Die Verwaltung der Kirche war Sache des Staates, sie war einem Ministerium oder Konsistorium übertragen.

Dieses enge Miteinander endete 1918 – und zugleich endete der optimistische Fortschrittsglaube der liberalen Theologen. Theologische Neuorientierung (Karl Barth!) und neue Kirchenverfassungen (Landesbischöfe, Kirchenpräsidenten) waren die Folge. Die Kirche erlebte eine stürmische Zeit des Umbruchs. Einige Pfarrer konvertierten zum Katholizismus, andere wünschten eine stärkere Legitimation für ihr Amt und ließen sich von den Bischöfen Englands oder Schwedens ihre Ordination bestätigen. Einige wandten sich liturgischen Erneuerungsbewegungen zu, andere den „Religiösen Sozialisten". Und einige Theolo-

166

gen kamen auf ihrer Suche nach einem neuen Halt zu Rudolf Steiner und seiner „Geisteswissenschaft". So ist die Christengemeinschaft ein Kind jener unruhigen Zeit, geboren aus dem Wunsch, in der Schau des Geistigen durch Rudolf Steiner, in seiner Erkenntnis der höheren Welten eine sichere Grundlage für die „religiöse Erneuerung" zu finden.

2. Der Glaube der Christengemeinschaft

Es ist nicht einfach, die Christengemeinschaft von ihren Inhalten her zu charakterisieren. Das liegt einmal daran, daß Kultus, Gottesdienst und Sakramentsvollzug im Mittelpunkt stehen, die dort verwendeten Texte aber nicht veröffentlicht, also nicht zugänglich sind. Sie werden unter den Priestern jeweils handschriftlich weitergegeben.

Die genannte Schwierigkeit hat einen anderen Grund darin, daß die Christengemeinschaft eine deutlich umrissene Lehre ablehnt. Ja, die undogmatische Weise des Glaubens gilt gerade als eine Besonderheit dieser Gemeinschaft. So formuliert Emil Bock in einem programmatischen Vortrag „Was will die Christengemeinschaft?":

> „Die Christengemeinschaft ist die erste Kirche, die grundsätzlich das Prinzip der Lehrfreiheit praktiziert. Da ist niemand, der in der Christengemeinschaft priesterlich mitarbeitet, auf ein Bekenntnis verpflichtet. Da wird auch kein Mitglied einer Gemeinde auf ein Bekenntnis verpflichtet" (ebenda, S. 16).

Das gilt, so Bock, „obwohl es die Anthroposophie gibt" (ebenda S. 15). Und das soll wohl auch gelten, so muß hin-

167

zugefügt werden, obgleich es ein eigenes Bekenntnis der Christengemeinschaft gibt (s.u.).

Es darf aber mit Fug und Recht bezweifelt werden, daß eine Mitgliedschaft in der Christengemeinschaft unter Ablehnung der anthroposophischen Lehren, des dort geltenden Menschen- und Christusbildes, möglich wäre. Hier unterscheiden sich Anthroposophie und Christengemeinschaft kaum voneinander, so daß hier – unter Abweisung des Eigenanspruchs – von einer lehrmäßigen Abhängigkeit gesprochen werden muß. Wer die Entstehungsgeschichte der Christengemeinschaft zur Kenntnis nimmt, darf darüber nicht erstaunt sein.

Und so wird in der schon genannten kleinen Schrift Bocks der „Pionierdienst" Steiners entsprechend gewürdigt:

„Es ist in unserer Zeit ein Pionierdienst getan, ein Durchbruch ist erzielt worden. Es gab wieder Seherkraft, aber nun nicht im Sinne eines visionären Sehertums, sondern in ganz klarer, denkerischer, an der Naturwissenschaft geschulter Form. Hier hat Rudolf Steiner die Bresche in die materialistische Weltanschauung gelegt" (ebenda, S. 13).

Zwar betont Bock, es gebe „kein dogmatisches Verhältnis" zur Anthroposophie, im gleichen Atemzug stellt er aber in bezug auf Steiners Werk fest: „das Tor (ist) aufgetan, der Weg gebahnt" (ebenda, S. 13). An dem grundlegenden Wert der „Geisteswissenschaft" für die Christengemeinschaft wird in keiner Weise gezweifelt, im Gegenteil, Bock erkennt an; sie habe „ein neues spirituelles Weltbild enthüllt" (ebenda, S. 13).

Wie stark die Abhängigkeit von Steiner ist, zeigen zahlreiche Abschnitte im Werk Emil Bocks, in denen er immer wieder Steiner als letzte, nicht mehr befragbare Autorität zitiert: er „erhellt", „verdeutlicht", „zeigt", „klärt" usw...

Wichtiger als solche einzelnen Formulierungen sind aber die sachlichen Gemeinsamkeiten, von denen noch zu reden sein wird.

Was sind die Ziele der Christengemeinschaft? Emil Bock versteht das Christentum in der Weltgeschichte als eine „neue Kraft, die aus einer höheren Welt in unsere Welt hereinströmen möchte, dafür aber offene, fromme Menschenherzen braucht" (ebenda, S. 7). Für ihn ist Frömmigkeit die „erste Voraussetzung dafür, daß es ein echtes Christsein in der Menschheit gibt" (ebenda, S. 7).

Aber diese Frömmigkeit ist – so seine Behauptung – in der Gegenwart durch Oberflächlichkeit und Nervosität („eine nervöse Seele kann eigentlich nicht fromm sein"!) unmöglich gemacht. Daher formuliert er für die Christengemeinschaft folgendes Ziel:

> „Zunächst ist das Erste und Wichtigste, was sich die Christengemeinschaft zum Ziel setzt, Frömmigkeit anzupflanzen. Pflanzstätten des Stilleseins, der inneren Ruhe-Kraft, der Innerlichkeit sollten entstehen. Pflanzstätten, wo die Kunst des Betens neu erlernt und in die Welt eingebaut wird ...
>
> Kultus und Sakrament sind das Herz des in der Christengemeinschaft gepflegten religiösen Lebens" (ebenda, S. 9).

Es soll hier gar nicht in Abrede gestellt werden, daß wir Christen – ganz gleich welcher Konfession – solche Schulen des Stillewerdens, der Kunst des Betens, bitter nötig haben. Die damit verbundene Geschichtsphilosophie Bocks kann allerdings nicht nachvollzogen werden. Er stilisiert die frühe Kirche zu einem goldenen christlichen Zeitalter hoch –

169

und setzt unsere Zeit dagegen, die dringend einer neuen Erkenntnis bedürfe. Diese Erkenntnis findet er in Steiners Anthroposophie. Im Rahmen dieser Sicht der Geschichte möchte die Christengemeinschaft

„in freier Begeisterung in allen ihren einzelnen Gliedern mitwirken ... daran, daß wieder das Licht einer höheren, göttlich durchatmeten Welt in unser irdisches Erkennen hereinfällt" (ebenda, S. 21).

Ein weiteres Anliegen wird im Kultischen verwirklicht:

„Das Kultische darf nicht bloß eine allgemeine Andachtsveranstaltung sein, es muß sich um eine christliche Frömmigkeit, um eine christliche Andacht handeln" (ebenda, S. 21).

So möchte die Christengemeinschaft dazu beitragen,

„daß ein neues Zeitalter in der Geschichte des Christentums heraufzieht" (ebenda, S. 25).

Erinnern wir uns: auch Steiner hat für sich und seine „Geisteswissenschaft" beansprucht, ein neues Zeitalter des Christentums heraufzuführen. Die Christengemeinschaft teilt also das Geschichtsbild Steiners, wenn es hier auch bescheidener formuliert wird.

Was nun aber in den Werken Bocks und anderer Autoren der Christengemeinschaft zu lesen ist von Gott, von Christus, von Welt und Mensch, erinnert oft mehr an Steiners „Erkenntnisse" als an die Texte der Bibel. Da wird der Mensch einbezogen in das Schema stets neuer Inkarnationen – „gezeugt wird bloß die Hülle". Da führt der Umgang mit Kindern zur Erfahrung der übersinnlichen Welt,

„denn aus den Augen der Kinder schauen gewiß und wahrhaftig noch die Engel heraus" (ebenda, S. 17).

170

Und Gott wird zum großen Organismus, dessen Glieder die Hierarchien, die Menschen und alle Teile der Natur sind. Und

> „wenn wir sagen, die Engel sind die Hände Gottes, dann gibt es da auch ein hohes Mittelpunktwesen, das man das Herz Gottes nennen kann. Das ist das Wesen, das wir mit dem Christusnamen bezeichnen" (ebenda, S. 20).

Und dieser Christus senkt sich in den Jesus hinein – Jesus und Christus werden von Bock wie von Steiner deutlich voneinander unterschieden.

Auch beim Verständnis der Sakramente zeigt sich die Anlehnung an die Anthroposophie. Am Beispiel der Taufe soll dies näher erläutert werden.

3. Die Bedeutung der Sakramente

Wie die katholische Kirche kennt die Christengemeinschaft sieben Sakramente: Taufe, Beichte, Trauung, Priesterweihe, Letzte Ölung, Bestattung und Abendmahl, gefeiert im Gottesdienst, der „Menschenweihehandlung". Die Sakramente sind die Geschehnisse, in denen die geistige Welt in die äußere, sichtbare Welt eindringt:

> „Unter einem Sakrament verstehen wir ein solches religiöses Geschehen, das in die äußere, die Körperwelt hereinragt und sie miteinbezieht. Es gemahnt an einen ursprünglichen Weltenzustand, bei dem Geist und Materie noch nicht getrennt, sondern unmittelbare Äußerungen des einen geistig-physischen göttlichen Vaterwesens waren. Und es deutet auf das Weltenziel, wo sie wieder eine Einheit werden sollen" (K. v. Wistinghausen, Die erneuerte Taufe, S. 52).

Vom Bibelwort ist solches Sakramentsverständnis gänzlich gelöst. Im protestantischen Bereich wird das Sakrament verstanden als „verbum visibile", als „sichtbares Wort", das der Bedeutung der Wortbotschaft des Evangeliums nichts Neues hinzufügt, sondern nur eine andere Form der Zuwendung Gottes zu den Menschen darstellt. Hier kommen dagegen Grundelemente anthroposophischer Weltsicht ins Spiel: der „göttlich-geistige" Bereich im Gegenüber zur Materie, Harmoniegedanken, die in die Vergangenheit wie in die Zukunft projiziert werden.

Die Konsequenzen zeigen sich beim Taufverständnis.

Taufe ist im Raum der Christengemeinschaft offensichtlich nur denkbar als Kindertaufe, da sie unmittelbar bezogen ist auf die Geburt: Sie ist „der sakramentale Vorgang, der die Geburt segnet und ergänzt" (ebenda S. 26) und zugleich einen Übergang markiert vom vorgeburtlichen Leben des Kindes zu seinem irdischen Dasein:

„Der physischen Geburt auf der Erde entspricht ... das Sakrament der Taufe ... (es) raunt heute die Taufe schon dem kleinen Kinde die Kunde von seinem vorgeburtlichen Leben im Geiste zu und weckt in ihm den Entwicklungswillen" (ebenda, S. 16).

„Die Sonnenstrahlung des sakramentalen Geschehens geleitet das Kindeswesen zur Erde – in die Gemeinschaft der Christen" (ebenda, S. 17).

Hier wird Taufe zu einem Akt der „Inkarnationshilfe" – eine Beziehung zum Handeln Jesu Christi ist eigentlich nicht mehr vorhanden. Die Neuheit der Taufauffassung wird von v. Wistinghausen auch gesehen:

172

„Hier wendet sich das Taufgeschehen zum ersten Male in der Geschichte des Christentums nach Wortlaut und sakramentaler Handlung unmittelbar an die Seele des Kindes. Es weist ihr den hohen Ursprung aus dem Schöpferwort Gottes, deutet ihr die christliche Aufgabe im Erdenleben und nennt ihr das Ziel des nun begonnenen Erdenlebens" (ebenda, S. 16/17).

Bei der Taufhandlung wird der Täufling an drei Stellen gezeichnet:

„Es geschieht an jenen Stellen des Organismus, wo der geistig-seelische Mensch am deutlichsten im Leibe zum Ausdruck kommt und gefühlt wird: Das Haupt mit seiner Schädelkapsel um das Zentrum des Nerven-Sinnes-Systems mit Augen und Ohren ist der ‚Sitz' des . . . Ich-Bewußtseins. Hier, wo wir Menschen uns am stärksten von Gott und Welt ‚abkapseln', erfolgt die erste segnende Taufberührung: an der Stirn. Die zweite am Kinn, . . . der Unterkiefer, Ausdruck des Willens, ermöglicht das Sprechen . . . Die dritte Berührung ist die der Brust, wo Pulsschlag und Atem ihre Mitte haben und wo der Mensch seinen Lebensborn quellen fühlt" (ebenda, S. 52/53).

Die Taufhandlung wird mit den Elementen Wasser, Salz und Asche vollzogen:

„An der Stirn erfolgt die Wassertaufe. Sie nimmt den Täufling in den geschichtlichen Taufstrom auf, der seit der Jordan-Taufe durch die Christenheit fließt . . .
Am Kinn wird das Kind mit Salz getauft . . . Aus der Lösung gerinnt die reine, klare, bewahrende Form. Sie ist dem ganzen Menschen vonnöten, begegnet aber dem Täufling am Munde, dort, wo er lernen wird, aus dem Atemhauch das geistig sinnvolle Wort zu formen, um ein rechter Mensch zu werden . . .
An der Brust erfährt der Täufling die Berührung mit Asche. An

173

der Stelle des kindlich-zarten Leibes, wo das Leben am deutlichsten pulst, empfängt der Täufling die Taufe durch die Spur des Feuers" (ebenda, S. 55/56).

So haben sowohl die berührten Körperstellen wie auch die Elemente ihre bestimmte Bedeutung. Das „Wasser spricht vom Ursprung", „Salz ist Ausdruck der Verkörperung bis in die kristallen streng geformte Welt der Gegenstände hinein", und „Asche erinnert an Begrenzung und Ende des Lebens, seine Berufung und sein Ziel" (ebenda, S. 56/57).

Innerhalb der Taufliturgie wird auch die Dreieinigkeit Gottes angerufen, jedoch nicht beim Taufvollzug. Dies war – gemeinsam mit dem insgesamt völlig verschiedenen Bild der Taufe in Form und Bedeutung – für den Rat der EKD der Grund, die Taufe der Christengemeinschaft nicht anzuerkennen.

4. Bibel und Bekenntnis

Aber nicht nur die Taufe trennt Kirche und Christengemeinschaft. In dem Schlußbericht einer Studienkommission der EKD, die sich in intensiven Gesprächen mit Vertretern der Christengemeinschaft (u.a. mit Emil Bock) über Gemeinsames und Trennendes verständigt hat, wird der Umgang mit der Bibel kritisiert, wie auch die Abwendung von den altkirchlichen Bekenntnissen, die gemeinsame Grundlage aller christlicher Kirchen sind.

Die Kommission stellt fest:

Wir müssen „feststellen, daß keine Berufung auf geistliches Leben und geistliche Erfahrungen die Kirche von der Verpflichtung entbindet, ihr eigenes Sein ständig an ihrem Haupt

174

Jesus Christus zu prüfen. Diese Prüfung bedeutet konkret die Beugung der Kirche unter die Norm der Heiligen Schrift und das Gespräch mit den Vätern und Brüdern. Diese Kontinuität scheint uns bei der Christengemeinschaft zugunsten eines bewußten Neuansatzes unterbrochen zu sein ...

Durch die mangelnde Bindung des Kultus selbst an die Schrift und durch das Herausfallen aus dem Zusammenhang der Kirche wird die Gefahr exegetischer Willkür heraufgeführt, der die uns vorliegenden Schriftauslegungen vielfach auf Kosten der Substanz und Einheit des biblischen Kerygmas (= Botschaft) erlegen zu sein scheinen" (zit. nach H. Rusche u.a., Kirche und Anthroposophie, S. 78).

Und in einer Fußnote wird angefügt:

„In der Art, wie von seiten der Christengemeinschaft die Schrift ausgelegt wird, kommt vor allem mangelnde Demut vor dem wirklichen Text zum Ausdruck" (ebenda, S. 78).

Die ablehnende Stellungnahme der EKD von 1949 wurde 1969 erneuert.

Während eine Bindung an die altkirchlichen Bekenntnisse abgelehnt wird und eine Verpflichtung auf irgendein Bekenntnis nicht vollzogen wird (so jedenfalls E. Bock, s.o.), so gibt es doch ein Bekenntnis der Christengemeinschaft, formuliert von Rudolf Steiner. Es lautet:

„Ein allmächtiges geistig-physisches Gotteswesen ist der Daseinsgrund der Himmel und der Erde, das väterlich seinen Geschöpfen vorangeht.

Christus, durch den die Menschen die Wiederbelebung des ersterbenden Erdendaseins erlangen, ist zu diesem Gotteswesen wie der in Ewigkeit geborene Sohn.

In Jesus trat der Christus als Mensch in die Erdenwelt. Jesu Geburt auf Erden ist eine Wirkung des Heiligen Geistes, der, um die Sündenkrankheit an dem Leiblichen der Menschheit geistig zu heilen, den Sohn der Maria zur Hülle des Christus bereitete. Der Christus Jesus hat unter Pontius Pilatus den Kreuzestod erlitten und ist in das Grab der Erde versenkt worden.

Im Tode wurde er der Beistand der verstorbenen Seelen, die ihr göttliches Sein verloren hatten. Dann überwand er den Tod nach dreien Tagen.

Er ist seit dieser Zeit der Herr der Himmelskräfte auf Erden und lebt als der Vollführer der väterlichen Taten des Weltengrundes.

Er wird sich einst vereinen zum Weltenfortgang mit denen, die er durch ihr Verhalten dem Tode der Materie entreißen kann.

Durch ihn kann der heilende Geist wirken. Gemeinschaften, deren Glieder den Christus in sich fühlen, dürfen sich vereinigt fühlen in einer Kirche, der alle angehören, die die heilbringende Macht des Christus empfinden.

Sie dürfen hoffen auf die Überwindung der Sündenkrankheit, auf das Fortbestehen des Menschenwesens und auf ein Erhalten ihres für die Ewigkeit bestimmten Lebens. –

Ja, so ist es.

(Nach H.-D. Reimer/O. Eggenberger, ... neben den Kirchen, S. 353)

Es fällt auf, wie abstrakt hier formuliert wird: aus Gott, dem Vater und Schöpfer, wird ein „allmächtiges geistigphysisches Gottwesen", er ist der Daseinsgrund, ... „das väterlich seinen Geschöpfen vorangeht". Aus Jesus Christus wird ein Gotteswesen, das sich einer materiellen „Hülle" bedient. Das Heil des Menschen entscheidet sich an seinem Verhalten.

Christus ist nicht der Erlösende, sondern nur der Bestätiger menschlichen Tuns. Und Kirche wird gebildet durch Fühlen und Empfinden der „Macht des Christus".

So vorsichtig Steiner hier auch formuliert hat, so sehr er sich in Aufbau und Wortwahl an die altkirchlichen Bekenntnisse hat angleichen wollen, so deutlich treten doch fundamentale Unterschiede zutage zwischen diesem Bekenntnis und den Bekenntnissen der Kirchen – es sind grob gesprochen die gleichen Unterschiede, die wir bei der Steinerschen Auffassung von Mensch, Christus und Gott im Verhältnis zur Bibel und zur kirchlichen Lehre gefunden haben. Die Ablehnung der Christengemeinschaft durch die EKD beruht neben Taufverständnis und Bibelinterpretation auf der grundlegenden Bedeutung, die der Anthroposophie Steiners eingeräumt wird. Noch einmal sei der Schlußbericht der Studienkommission aus dem Jahre 1949 zitiert:

Wir vermögen nicht zu sehen, „daß die Anthroposophie ein offenbarungsgeschichtliches Faktum ist, wie die Christengemeinschaft behauptet, und daß mit der Anthroposophie Rudolf Steiners die Notwendigkeit, aber auch die Möglichkeit eines entscheidenden Neuanfanges innerhalb der christlichen Kirche gegeben sei. Die Überzeugung der Christengemeinschaft von der übersinnlichen Herkunft ihres Kultus entzieht diesen Kultus jedem kritischen Gespräch".

Die Christengemeinschaft gehört nicht zur „Arbeitsgemeinschaft Christlicher Kirchen" (ACK), in der die evangelischen Landeskirchen, die römisch-katholische Kirche und die sogenannten „Freikirchen" (Mennoniten, Baptisten, Methodisten, Altkatholiken u.a.) zusammenarbeiten.

Die Christengemeinschaft ist auch nicht Mitglied im Ökumenischen Rat der Kirchen. Ihre Bindung an die Anthroposophie hat sie vollständig isoliert.

XI. Die Verehrung des Meisters: Personenkult um Rudolf Steiner

Wir stehen am Ende unserer kritischen Darstellung. Wir lasen in Steiners Schriften von seinen großen Ansprüchen, von seinen Anregungen, die viele Lebensbereiche betreffen. Wie sehen seine Schüler ihn, den Begründer der neuen „Geisteswissenschaft", der durch seine „Forschungsmethoden" in die geistig-göttlichen Bereiche vordringt wie vor ihm kein anderer (jedenfalls nach seiner eigenen Behauptung)?

Wer dieser Frage nachgeht, trifft auf eine Verehrung Steiners bei den Anthroposophen, die nur noch als Personenkult zu bezeichnen ist und bisweilen groteske Züge annimmt. Steiners Wirken, sein Denken, ja sein ganzes Leben werden überhöht und verklärt, in Beziehung gesetzt mit gewaltigen kosmischen Ereignissen, deren Erkenntnis allerdings nur auf dem „Forschungs"-Weg Steiners möglich ist.

Schon Steiners Geburt wird Gegenstand ehrfurchtsvoller Spekulationen. Dr. Karl König, Begründer der Camphill-Bewegung und Anhänger Rudolf Steiners, hat einen Aufsatz geschrieben mit dem Titel: „Der 27. Februar 1861 als welthistorisches Datum". Darin stellt König die Frage:

> „Für uns, die wir seine (= Steiners) Schüler werden durften, bezeichnet dieses Datum ein welthistorisches Ereignis von größter Bedeutung und daher darf in aller achtsamen Behutsamkeit die Frage auftreten: Warum hat sich Rudolf Steiners ewige Individualität dieses Datum für seine Geburt erwählt?" (S. 24).

Berührt schon diese Frage den Nicht-Anthroposophen eigenartig, so befremdet die Antwort, die König selbst gibt, mindestens ebenso sehr: Seit dem Mysterium von Golgatha seien gerade zu diesem Zeitpunkt 100 „Mondknoten-Rhythmen" vergangen. König erhebt die Dezimalzahl 100 zur Symbolzahl und feiert seinen Einblick in diese Chronologie ebenso pathetisch wie mißtönend:

> „Es ist, als könnte man durch solche Zahlen hindurch den Posaunenton der göttlichen Weltenschritte erklingen hören" (ebenda, S. 25).

Der Steiner-Schüler und Biograph Rudolf Meyer sieht bedeutsame Parallelen zwischen der Erziehung Steiners und den antiken Erziehungsformen. Die Bemerkung Steiners, daß ihm als Schüler ein Hilfslehrer „mit seinem Geometriebuch die Rechtfertigung der geistigen Welt" lieferte, die er „damals brauchte" (Mein Lebensgang, S. 18), kommentiert Meyer:

> „Wird man nicht bei dieser Schilderung an die Schule des Platon erinnert, vor dessen Akademie die Weisung gestanden haben soll, daß niemand hier eintreten könne, der nicht der Mathematik kundig sei?" (Rudolf Steiner, S. 26).

Noch für Gerhard Wehr ist die Gleichzeitigkeit der ersten Geometriestunden Steiners mit dem 1. Vatikanischen Konzil ein Anlaß zu tiefsinniger Reflexion: In dem gleichen Augenblick, in dem die verknöcherte Institution Kirche die Autorität eines Mannes (gemeint ist der Papst) festschreibt, macht sich der kleine Rudolf Steiner daran, die Welt selbständig zu erforschen ... (Rudolf Steiner, S. 32).

Das Jahr, in dem Steiner seine Studien an der Technischen Hochschule Wien aufnimmt (1879) soll gerade jenes

Jahr gewesen sein, in dem der Erzengel Michael die Herr-
schaft über die Erde von Gabriel übernimmt. Mit diesem
kosmischen Ereignis soll ein neues Zeitalter des Geistes
und der Wissenschaften angebrochen sein. Die besondere
Verehrung Michaels durch Steiner und die Anthroposophen hat in dieser herausragenden Stellung Michaels seine
Wurzeln.

Zeigen diese Beispiele schon, wie das Leben Steiners
herausgehoben wird aus dem Leben anderer Menschen, so
nimmt die Verehrung des Meisters dort noch zu, wo sein
Wirken in den Blick kommt. Der Dichter Hans Reinhart
veröffentlicht in der anthroposophischen Zeitschrift „Das
Goetheanum" eine Huldigung an Rudolf Steiner:

„An Rudolf Steiner
Du, aus der Seligen Sonnenland entsendet,
Das ewige Licht in unser Herz zu zünden;
Der unser Selbst, durch Satans List verpfändet,
Der Gottheit Güte wieder will verbünden.

Nun fand auch ich, Verirrter von dem Pfade,
Dein Licht und deine treue Führerschaft.
Aus deines Geistes Gral floss mir die Gnade,
und aus der Seele Bronnen quoll die Kraft;

Wie einst als Knabe meinen Blick zu heben
Nach jener Höhe, wo der Tempel steht:
Dich in mir selbst verwandelt zu erleben
und in dich einzugehen im Gebet.

Nimm denn dies Lichtlein, das, vom Weltenwinde
So wild bewegt, zu sterben war bereit,
Und gib, daß es ins Vaterlicht sich finde,

Durch deiner Leuchte liebendes Geleit"
(Das Goetheanum, 1, 1921, S. 70).

Und derselbe „Dichter" feiert das niedergebrannte „Goetheanum" (in Auszügen)

„Du stiegst, ein Phönix, aus den gold'nen Flammen
Empor ins lichte Land der heiligen Höh'n.
Dein Sterben war ein glühend Auferstehn
In jenem Reiche, dem auch wir entstammen.

Unsterblicher! Entrückt dem ird'schen Blicke,
Empfangen dort von seliger Geisterschar,
Erscheinst du traumgewandet, wunderbar
Im Hain des Herrn, dem Lenker der Geschicke.

Wir schauen dich, verklärter Bau, von Strahlen
Urewiger Sonnen königlich gekrönt.
Um dich der Lobgesang der Sphären dröhnt.
Es reichen Engel Flammenopferschalen."
(Das Goetheanum 2, 1922/23, S. 244).

In diesem Ton geht es noch 4 Strophen weiter! Das Goetheanum, der Urbild des Tempels, die „Heimat unsres Ordens", und Steiner der Führer, der Mittler zwischen Gott und Mensch, Gegenstand der Verehrung, ja, des Gebets!
  Nicht immer ist die Verehrung so hymnisch ausgedrückt, doch große und pathetische Worte sind es allemal.
  Da ist Steiner, der Überzeitliche: Sein Bild machte „auf mich einen überzeitlichen Eindruck. Es schien von jenseits aller präzisierbaren Zeit zu sprechen" (G. Adams in: Wir erlebten Rudolf Steiner, S. 11/12). Er erschien als der „Eingeweihte aus zeitlosen Bereichen", dessen Augen so leuch-

teten, daß es „war, wie wenn sie in weite Perspektiven, nicht des Raumes sondern der Zeit blickten – in die Jahrtausende hinein" (ebenda, S. 14 und 19).

So steht er vor seinen Schülern, „ein Menschheitsführer, der umfassendste Geist unserer Zeit" (Ruths-Hoffmann, ebenda, S. 206 und 209), von Rittelmeyer für den „größten gottgesandten Zeitgenossen" gehalten (zit. bei E. Bock, ebenda, S. 35), schlicht „der Sendbote des Geistes unserer Zeit" (A. Strohschein, ebenda, S. 222).

Er weilt unter seinen Schülern in „höchster Geistesvollmacht" und konnte so „für uns vom Himmel herunterholen, was die mit Christus verbundenen und IHM dienenden geistigen Mächte der zukünftigen Menschheit als Gabe des Segens zugedacht hatten" (E. Bock, ebenda, S. 46). Ehrfürchtig raunt ein Schüler dem anderen zu: „Die ganze Welt flüstert ihm zu, und Schwingungen erreichen ihn, für die wir nicht einmal einen Namen haben" (M. Macmillan zu Adams, ebenda, S. 29).

Nun, da ist es nicht verwunderlich, daß die Begegnung mit Steiner für die Jünger eine ganz besondere Bedeutung erhält: sie „waren sich bewußt, daß es jedesmal ein schicksalhaftes Ereignis wurde, wenn er zu seinen Schülern sprach: immer wieder unerhört neue Geistgeschenke darreichend" (R. Meyer, Rudolf Steiner, S. 13). Was diese „strahlende Geistgestalt" (E. Bock, in: Wir erlebten Rudolf Steiner, S. 52) sagte, „atmete immer Wahrheit" (G. Kirchner-Bockholt, ebenda, S. 107) – hier als ehrfürchtiger Kommentar zu Steiners Charakterisierung einer Vermieterin als „Giftnickel"! Ihm wird etwas zugetraut, was über die Kräfte der anderen hinausgeht: „Es ist selbstverständlich, daß ein so großer Wissender auch ein großer Heiler ist" – deswegen traut ihm Frau Kirchner-Bockholt zu: „Gewiß wäre es für ihn, dem alle Kräfte der Umwelt im höchsten und weitesten Sinn zur Verfügung standen, ein Leichtes gewesen, auch Heilungen solcher Art (d.h. durch direkte Kraftübertragung, J.B.) zu vollziehen." Und seine Diagnosen stellte er „mit exaktem Hellsehen", um dadurch „die Ursache der Krankheit zu erforschen . . . Somit wird verständlich, daß die üblichen Diagnosen meist hinfällig wurden" (ebenda, S. 101, 104, 106).

Und so ist das Verhältnis zwischen Meister und Jünger auch in einer Wissenschaft wie der Medizin, die doch – jedenfalls im Bereich der „Schulmedizin" – vom kritischen Gespräch aller Beteiligten, von gegenseitiger Hilfe, von der Auswertung von Beobachtungen usw. lebt – ein Verhältnis des einen Wissenden zu all den anderen, die hören und sich anpassen, sich unterordnen:

„Wenn man seine Angaben nicht gleich verstand, so legte man sie nicht beiseite, sondern rang darum, selber zu wachsen, um sie zu verstehen."

Hier wird Prüfung durch Autorität ersetzt – von Frau Kirchner-Bockholt schwärmerisch umschrieben:

„So zu lernen ist nur möglich, wenn man immer wieder erlebt, daß man berechtigterweise dem Lehrer ein unbegrenztes Vertrauen entgegenbringt . . . Dr. Steiners Angaben sind bleibendes Lehrgut" (ebenda, S. 107/108).

Wo die Begegnungen als „schicksalshaft" verstanden werden, da werden auch Banalitäten zu lebenswichtigen Situationen. Besonders einprägsam ist eine Begebenheit, die Grete Kirchner-Bockholt erzählt. Sie ist unsicher, welchen Weg sie gehen soll, ob sie in ihrem Beruf als Ärztin weiterarbeiten oder eine Eurythmie-Ausbildung bei Frau Steiner beginnen soll.

„In diesem Augenblick trat, ehe ich mich äußern konnte, Dr. Steiner ins Zimmer. Er gab mir die Hand, und sagte, jedes Wort betonend: ‚Nun, Frau Doktor, wie geht es Ihnen?‘ Nichts weiter. Dennoch schlug dieses Wort in mich ein. Zu erklären ist es nicht, wieso ich blitzartig verstand, was er sagen wollte. Der von ihm betonte Titel, die langsam gesprochene Frage, der gewählte Augenblick, – in meinem Innern war nicht die Spur eines Zweifels, wie diese Worte zu verstehen waren" (ebenda, S. 102/103).

Nun – alltäglicher, belangloser, neutraler hätte doch wohl ein flüchtiges Wort Steiners nicht sein können! Welche Geisteshaltung muß schon vorliegen, daraus etwas Besonderes, Richtungweisendes ablesen zu können!

Aber seine Worte wurden gerne als Hinweise für Entscheidungen, als Ratschläge für die einzuschlagende Lebensrichtung gedeutet:

„Jeden (Schüler) bekräftigte er auf seinem Schicksalswege, mochten sich dabei in seinen Ratschlägen noch so große scheinbare Widersprüche ergeben" (G. Adams, ebenda, S. 10).

Es verwundert nicht, daß die Schüler mit höchstem Respekt an den Meister herantreten – ein „Außenstehender", der ein Telegramm an einen Kursteilnehmer mit dem Adressenvermerk versieht „c/o Dr. Steiner" wird lächelnd ob seiner Ahnungslosigkeit getadelt: ein „nicht sehr respektvoller Jugendfreund" (G. Adams, S. 17).

Dankbar erlebten die Schüler: Man „durfte" zu persönlichen Gesprächen kommen, man „durfte" ihm von „eigenen Schwierigkeiten und Idealen erzählen" (Adams, ebenda, S. 15/ E. Bock, ebenda, S. 37). Man erfuhr „das Glück,

ganz persönlich von Mensch zu Mensch verkehren zu dürfen" (H. Hahn, ebenda, S. 99). Dabei war Steiner

> „einfach und freundschaftlich ... er ließ mich dann an die Er-
> zählungen von großen Eingeweihten denken, die völlig
> schlicht und unerkannt unter den Menschen herumgegangen
> seien" (G. Adams, S. 14).

H. Hahn erklärt auch, warum dieses Gefühl von „Mensch
zu Mensch" aufkommen konnte:

> „Rudolf Steiner besaß die seltene Kunst, nicht aus Herab-
> lassung sondern aus verstehender, ja suchender Menschlich-
> keit seine eigene Größe auf das Niveau des Menschen her-
> unterzuschrauben, mit dem er sprach" (S. 99).

Also – von Mensch zu Mensch war's doch wohl nur äußerlich – ein gnädiges Sich-Hinabneigen, zwar nicht aus sicht-
barer Mildtätigkeit, aber doch aus Verständnis, und um den
Gesprächspartner nicht durch die große Überlegenheit zu
schrecken.

Steiners unbestreitbare Bildung auf allen Wissensgebie-
ten wurde bewundert. Vom Schüler wird auch dies Bewun-
dernswerte noch überboten: Man erlebte in Steiner

> „einen Denker, der in jedem Fachgebiet nicht nur völlig be-
> schlagen war, sondern darüber hinaus zu dem üblichen Wis-
> sen Wesentliches aus seiner Kenntnis der geistigen Seite des
> Menschen und der Welt hinzufügen konnte" (E. Lehrs,
> ebenda, S. 119).

Interessant ist dabei die deutlich spürbare Abneigung des
Schülers Lehrs gegen die solide, aber mühselige Arbeit eines Wissenschaftlers, gegen Quellenstudium und Erarbei-
tung von Details:

„Hier gab sich ein Geist zu erkennen, der auf andere Art zu umfassendem Wissen gekommen war als durch Zusammenholen wissenschaftlicher Kenntniseinzelheiten, die die eigene Lebenskraft zermürben; er lebte – so lernte ich es im Laufe der Tage empfinden – allem Wissen gegenüber auf höherer Warte" (ebenda, S. 119).

Hier wird von einem Schüler in aller Harmlosigkeit das bestätigt, was sich dem kritischen Leser aufdrängt: Steiner liefert große Entwürfe, großzügige Geschichtsexkurse, die mit wenigen Sätzen durch die Jahrhunderte eilen, er aber – er kennt nichts Genaues. Seine Kritiken der Universitätswissenschaft sind meistens polemisch und pauschal. Ohne „Zusammenholen wissenschaftlicher Kenntniseinzelheiten" wird man eben leicht zum Scharlatan. Daß der Schüler das hier anders deutet, ist verständlich, dafür daß er diese Eigenschaft anmerkt, ist ihm zu danken.

Um Steiners Handeln, sein Werk zu beschreiben, sind den Schülern immer nur die höchsten Kategorien angemessen: Albert Steffen, ein Schweizer Dichter und führender Autor der Anthroposophischen Gesellschaft, hebt hervor: „Kein größerer Dienst ist dem Christentum je erwiesen worden als durch die Geistesforschung Rudolf Steiners." Und verständnislos setzt er hinzu: „Aber gerade Pfarrer – beider Konfessionen – sind es, die ihn am ärgsten verleumdet haben" (Zur Geschichte der anthroposophischen Bewegung, Das Goetheanum 2, 1922/23, S. 403). Die Begründung der Geisteswissenschaft in der Umbruchzeit nach der Jahrhundertwende wird in Analogie gesetzt zu der Entstehung des Urchristentums in der Umbruchzeit der römischen Kaiserzeit (R. Meyer, Rudolf Steiner, S. 15).

Alles Bisherige, so merkwürdig es sich schon für eine Wissenschaft und für den Umgang an einer „Hochschule für Geisteswissenschaft" ausnimmt, wird überboten durch zwei Zeugen, die einmal Werk und Tod Steiners deuten, zum andern seine Aufgabe in der jenseitigen Welt skizzieren.

Marie Steiner verfaßte ein Nachwort zur Autobiographie „Mein Lebensgang" – es ist in der Taschenbuchausgabe von 1983 wieder kommentarlos abgedruckt. Darin heißt es im kurzen Auszug:

„Man hat sein ganz dem Opferdienst der Menschheit geweihtes Leben mit unsäglicher Feindschaft vergolten; man hat seinen Erkenntnisweg in einen Dornenweg verwandelt. Er aber hat ihn für die ganze Menschheit durchschritten und erobert . . .
Damit hat er die größte Menschentat vollbracht.
Die größte Gottestat lehrte er uns verstehen . . .

Er starb, – ein Dulder, Lenker und Vollbringer . . .
Er tat, was schon Prometheus büßte,
was Sokrates der Schierlingsbecher lohnte,
was schlimmer war als Barrabas' Vergehen,
was nur am Kreuze seine Sühne findet . . .

Jetzt ist er frei. Ein Helfer denen droben,
die Erderrungenes entgegennehmen
zur Wahrung ihrer Ziele. Sie begrüßen
den Menschensohn, der seine Schöpferkräfte
entfaltete im Dienst des Götterwillens . . .

Die Erde webt im Schatten,
im Weltenraum erbilden sich Gestalten,
der Führer harrt, der Himmel ist geöffnet,
in Ehrfurcht und in Freude stehn die Scharen.
Doch graue Nacht umfängt den Erdenball"
(Mein Lebensgang, 350– 352).

Ein neuer Christus, der Menschensohn, der den Dornenweg für alle geht und dessen Taten am Kreuze ihre Sühne finden, zu dessen Empfang sich die himmlischen Wesen ehrfurchtsvoll versammeln – diese Huldigung übersteigt alles andere in unglaublicher Weise. Der kommentarlose Abdruck 1983 zeigt, daß man auch heute keinen Anlaß sieht, diesen Text in irgendeiner Form zu relativieren.

Als Christen müssen wir uns hier doch fragen: Brauchen wir einen solchen neuen Christus – oder doch einen Christus-ähnlichen Mittler zwischen uns und Gott? Welch eine Maßlosigkeit kommt hier zutage! Welche Vergleiche gelten hier als angemessen: Prometheus, Sokrates. Welch eine Verwirrung der Maßstäbe!

Und ähnlich rühmt Albert Steffen die neue Aufgabe, die Steiner nach seinem Tode in der geistigen Welt übernommen habe:

„Wir dürfen denken wie Rudolf Steiners Wesenheit im geistigen Reiche unter jenen Seelen wirkt, die er auf Erden gekannt und geschätzt hat ... Wir schauen, wie er sie nach dem Tode lehrt, was sie im Leben nicht lernen konnten. Denn sie waren Kinder des finsteren Zeitalters. Rudolf Steiner knüpft die Geistbande mit ihnen noch inniger im Geistgebiete, sie können seine Lehre dort offener empfangen. Wir dürfen jene Geister, die uns selber so teuer waren, in seiner Nähe denken: Ibsen, Strindberg, Nietzsche ... Hölderlin, Schiller, Goethe ... Sie alle wirken mit Rudolf Steiner zusammen" (Goetheanum 1926, S. 37).

Auch hier gilt: Jeder Maßstab geht verloren, die Besten aller Zeiten sind gerade gut genug, ihm zuzuarbeiten. Sie werden damit zugleich zu Vorläufern der Anthroposophie gemacht (wogegen sie sich, weil tot, nicht wehren können).

Und Steiner setzt seine Lehrtätigkeit im Jenseits fort – an die Möglichkeit, er könnte vielleicht selbst ein Lernender sein, wird mit keinem Gedanken gedacht!

Nun – die Beispiele für den Personenkult mögen genügen. Vieles ließe sich hinzufügen.

Eine Frage aber muß noch behandelt werden:

Hat Steiner diesen Personenkult gewollt?

In vielen Gesprächen mit Anthroposophen wurden Beispiele des Personenkults – auch der Hymnus von Marie Steiner – mit einer Handbewegung abgetan: Fehlentwicklungen, von Steiner und damit von der Anthroposophie nicht zu verantworten. Und es stimmt: Es lassen sich Zitate Steiners finden, in denen er Huldigungen abweist.

H. Hahn bemerkt in seinem an Huldigung reichen Beitrag zu dem oft zitierten Bändchen „Wir erlebten Rudolf Steiner", daß Steiner es „denn überhaupt gewöhnt war, Huldigungen aller Art konsequent zurückzuweisen" (S. 93).

Aber der Hinweis auf solche verbalen Äußerungen scheint mir zu kurz zu greifen. Da sind einmal die Hymnen von Hans Reinhart, zu Steiners Lebzeiten im Organ der Anthroposophischen Gesellschaft publiziert (Goetheanum), in dem sicherlich nichts stand, was Steiner nicht billigte.

Wichtiger ist ein anderes Argument: Wie großartig waren Steiners eigene Charakterisierungen seiner Leistung!

Denken wir an die Quellen seiner Erkenntnis: Unmittelbar vermag er in die geistig-göttlichen Welten zu schauen, wo er die objektiven Wahrheiten über alle Bereiche der physischen sowie über viele Bereiche der geistigen Welt direkt sieht und als gültige Wahrheiten mitteilt! Und schon eine Schulgründung wird bei ihm zu einem „Festesakt der Weltenordnung". Wer vor ihm konnte denn schon über Gott und Christus Aussagen machen, die Unabhängigkeit von den Evangelien beanspruchten! Und mit welcher Sicherheit hat er für sich und seine „Geisteswissenschaft" beansprucht, ein neues Zeitalter des Christentums einzuläuten.

Wer für sein Wirken solche Dimensionen sieht, wer sich eine solch epochale Rolle selbst zuschreibt, der darf doch nicht darüber überrascht sein, wenn die Schüler ihm Hymnen schreiben und Huldigungen darbringen, wenn auch sie ihrerseits zu den höchsten Namen greifen, um ihm jedenfalls annähernd Vergleichbares an die Seite zu stellen!

In diesem Sinne erscheint mir der Personenkult um Steiner keine systemfremde Entgleisung oder Verfälschung zu sein, sondern eine konsequente Antwort auf Steiners Selbsteinschätzung.

Die Tatsache, daß auch heute noch Steiners „Anregungen" und „Weisungen" in allen Lebensräumen der Anthroposophie unbedingte Geltung besitzen und daß es keine kritische Diskussion seiner Methoden und Ergebnisse gibt, zeigt, daß die Bedeutung Steiners heute vielleicht etwas dezenter ausgedrückt wird, daß sich aber grundsätzlich in der Abhängigkeit von dem Meister nichts geändert hat.

XII. Anthroposophie – Wissenschaft oder Weltanschauung?

1. Der Anspruch

Anthroposophie erhebt den Anspruch, eine Wissenschaft zu sein – „Geisteswissenschaft" als Wissenschaft vom Übersinnlichen, die Erkenntnisse über den göttlich-geistigen Bereich vermittelt. Mit den Methoden dieser Wissenschaft sollen die alten Grenzen des Erkennens gesprengt werden und Bereiche objektiv erforscht werden, die bislang nur dem Glauben zugänglich waren (vgl. oben Kapitel II). Der „Geistesforscher" nimmt bei dieser Erkenntnisarbeit eine Haltung ein, wie sie der Naturwissenschaftler anwendet. Darum beansprucht Steiner für die auf diese Weise gewonnenen Erkenntnisse objektive Gültigkeit.

Wir haben die Ergebnisse dieser Wissenschaft in verschiedenen Themenfeldern kritisch darzustellen versucht. Es ist jetzt an der Zeit, in einem letzten Schritt zu untersuchen, ob dieser Anspruch Steiners, der all seinen Ausführungen zugrunde liegt, von ihm selbst eingelöst werden kann.

2. Anthroposophie und Naturwissenschaft

In der Zeit zwischen 1870 und 1910, in jener Zeit also, in der Steiner seine Weltanschauung ausformte, erleben Technik und Naturwissenschaft zuvor ungeahnte Erfolge. Innerhalb weniger Jahre wird das Leben der Menschen von Grund auf verändert. Glühlampe und Grammophon werden erfunden, Dampfturbinen gebaut und die elektromagnetische Welle entdeckt. Es wird das Geheimnis der Radioaktivität gelüftet, und es verkehren die ersten elektrischen Straßenbahnen. Drahtlose Nachrichtenverbindungen ermöglichen neue Formen der Kommunikation, und Autos mit Benzinmotoren verdrängen die Kutschen von den Straßen. Die Setzmaschine sorgt für einen gewaltigen Aufschwung des Buch- und Pressewesens. Der erste Wolkenkratzer in New York versetzt die Menschheit in Erstaunen, der erste Motorflug der Gebrüder Wright markiert ein neues Zeitalter! Der uralte Menschheitstraum vom Fliegen beginnt Wirklichkeit zu werden.

Auch die naturwissenschaftlich geprägte Medizin erlebt Triumphe: Pasteur entdeckt das Prinzip der Impfung, Koch den Tuberkel-Bazillus. Die Bedeutung der Hormondrüsen für den Menschen wird erkannt, der Pesterreger und ein Serum gegen die Diphtherie gefunden. Viele Seuchen, uralte Geißeln der Menschheit, die zuvor ganze Landstriche entvölkert hatten, verlieren ihre bedrohliche Macht.

Wen wundert die Begeisterung, mit der die neue und so erfolgreiche Naturwissenschaft aufgenommen wird? Auch Steiner, der ja einst ein Studium der Naturwissenschaften begann, sieht die Fortschritte dieser Wissenschaft. Er möchte aber dabei nicht stehenbleiben. Er möchte über das Materielle, Sichtbare hinaus in den geistigen Bereich vorstoßen – aber methodisch so exakt, wie es in den Naturwissenschaften üblich ist. So wie der beginnende Siegeszug von Technik und Naturwissenschaft auf der Entdeckung von Gesetzmäßigkeiten im Raum der Stoffe beruht, so möchte er seine Geisteswissenschaft gründen auf der Entdeckung von „objektiven" Zusammenhängen und Gesetzmäßigkeiten im geistigen Bereich. Und so wie im geologisch-biologischen Bereich Entwicklungsgesetze entdeckt werden und das alte Weltbild revolutionieren (Darwin, Haeckel), so geht er von solchen Entwicklungen im geistigen Bereich aus und möchte ihre Prinzipien erforschen. So schreibt er:

Die Geisteswissenschaft

„will die naturwissenschaftliche Forschungsart und Forschungsgesinnung, die auf ihrem Gebiete sich an den Zusammenhang und den Verlauf der sinnlichen Tatsachen hält, von dieser besonderen Anwendung loslösen, aber sie in ihrer denkerischen und sonstigen Eigenart festhalten. Sie will über Nichtsinnliches in derselben Art sprechen wie die Naturwissenschaft über Sinnliches" (Die Geheimwissenschaft im Umriß, S. 29).

Und so strebt Anthroposophie an,

„durch die streng geregelte Ausbildung des rein seelischen Anschauens, über die übersinnliche Welt objektive, exakte Ergebnisse zu gewinnen" (Die drei Schritte der Anthroposophie, S. 117).

Weil die Naturwissenschaften und ihre exakte Forschungsmethode so wichtig sind, möchte Steiner die Vereinbarkeit von beidem proklamieren:

„Die Naturwissenschaft der Gegenwart widerspricht nicht der Geisteswissenschaft" (Reinkarnation und Karma, S. 36).

Dieser Anspruch Steiners muß in jeder Untersuchung über die Anthroposophie ernst genommen werden. Daran wird er sich messen lassen müssen. Eine Kritik, die diesen selbst proklamierten Maßstäben folgt, darf nicht als unangemessen abgelehnt werden.

3. Der Wahrheitsanspruch

Die Anknüpfung an die naturwissenschaftliche Erkenntnishaltung hat für die Ausgestaltung der Anthroposophie eine Bedeutung, die gar nicht hoch genug veranschlagt werden kann. Naturwissenschaft des 19. Jahrhunderts war positivistisch ausgerichtet: Was beweisbar oder beobachtbar ist, das ist richtig und wahr, alles andere daneben ist nicht gültig. Zwischentöne gibt es da nicht.

Gleiches gilt für Steiner: Seine Sprache spiegelt eben diesen Posivitismus: Es gibt objektive Wahrheiten, er teilt sie mit. Es gibt die Beobachtung in der höheren, geistigen Welt – er macht sie und vermittelt sie. Kurz: Er sagt, wie es ist!

Daher gibt es bei ihm weder Vermutung, noch Behauptung, noch Hypothese. Statt dessen nur Mitteilung, Darstellung, Wiedergabe des objektiv Gültigen. So überwindet Steiner den materialistischen Posivitismus durch einen ‚geistigen Positivismus‘: Die gleiche Methode wird auf das neue Gebiet des Geistigen angewandt, das nur Steiner zugänglich ist.

Eine solche Sprache dürfte bei Themen, die die alten Menschheitsfragen umfassen, wohl einmalig sein: bei den Fragen nach dem Woher des Menschen, nach seinem Wesen, nach seiner Beziehung zum Göttlichen, nach dem Sinn des Lebens, nach Endlichkeit und Unendlichkeit. Gerade diese Fragen bedürfen nach übereinstimmender Ansicht aller ernstzunehmenden Philosophen und Theologen der vorsichtigen, herantastenden, bescheidenen Darstellung. Da gibt es Erwägungen, Vermutungen, Ansichten, da gibt es in unserem christlichen Glauben das Hören auf die Offenbarung Gottes in Jesus Christus. Hier disqualifiziert sich selbst, wer so unbekümmert bzw. in so übersteigertem Selbstbewußtsein objektive Wahrheit für seine Ansichten behauptet, wer undiskutierbare Gültigkeit für seine Texte beansprucht, wie es Steiner tut: Er ist der Forscher im Übersinnlichen, der das bislang Verborgene schaut und offenlegt. Wer sich seine Texte zu eigen macht, der muß dies akzeptieren. Er hat damit in Steiner den Führer, in dessen Erkenntnisweg seinen eigenen Weg anerkannt. Das weitere Streben beschränkt sich darauf, sich diese dargelegten „Mitteilungen" aus der „höheren Welt" besser anzueignen, sie besser zu verstehen.

Eine solche Haltung läßt sich nur mit einer Glaubensgewißheit vergleichen. Ein Glaubender verläßt sich auf die Wahrheit des göttlichen Wortes, das ihm durch Offenbarungen zugänglich gemacht wird („So spricht der Herr"). Aber der Glaubende ist sich bewußt, hier nicht wissenschaftlich zu erkennen, sondern in einem Akt vertrauenden Lebensvollzuges etwas anzunehmen.

Steiner begründet seinen Anspruch auf objektive Wahrheit des von ihm Gesagten mit dem Charakter seines „Forschens", mit der Besonderheit seines Erkenntnisweges. Die von ihm entzifferten übersinnlichen Schriften, deren Symbolsprache er in unsere Sprache übertragen hat („Akasha-Chronik"), seien Urkunden, in denen die geistigen Welten objektiv erfaßbar seien. Und wer die objektiven Symbole der geistigen Welt gesehen hat, so meint er, der weiß eben, daß das, was er gesehen hat, wahr ist. Und wer es nicht gesehen hat, der könne weder etwas hinzufügen noch den Wahrheitsgehalt bestreiten. Und so argumentiert er:

„Der Walfisch ist eine Tatsache ... Wenn es niemals in der Welt vorgekommen wäre, daß jemand einen Walfisch gesehen hätte, so würde niemand beweisen können, daß es einen Walfisch gibt. Aus allen Kenntnissen, die er hat, würde er nie das Dasein eines Walfisches beweisen können, denn ein Walfisch ist eine Tatsache, und Tatsachen kann man nicht beweisen, sondern man kann sie nur erleben. Damit ist aber etwas außerordentlich Gewichtiges über die Logik gesagt, aber man muß sich erst von diesem Gewichtigen überzeugen" (Wie begründet man Geistesforschung, S. 64).

Ähnlich argumentiert Steiner oft. Die Banalität solcher Argumentation ist erschreckend. Die Spitze der Argumentation ist klar: Steiner ist es, der den Walfisch gesehen hat. Nun läßt sich gegen diese so plausibel erscheinende Beweisführung allerdings eine Menge einwenden. Nicht nur einer sah einen Wal und überzeugte so die Mitwelt von der Existenz dieser Tiere, sondern viele sahen sie; und auch Steiners Parallelbeispiel ist unzureichend: nicht durch Logik könne man sich ein Bild von einem anderen Erdteil machen, sondern man müsse ihn bereisen oder jedenfalls einen Menschen fragen, der ihn bereist habe. Nun – um ein einigermaßen zutreffendes Bild von einem fremden Land zu erhalten, fragt man wohl besser mehrere Reisende. Nur so darf der Daheimgebliebene einigermaßen sicher sein, daß ihm kein Seemannsgarn erzählt wird! Wie unterscheiden sich doch Reiseberichte! Mitunter scheinen die Berichte von verschiedenen Ländern zu erzählen, obgleich sie doch den gleichen Gegenstand beschreiben – nur gesehen aus sehr verschiedenem Blickwinkel, gesehen an verschiedenen Stellen usw. . .

Und wie viele haben behauptet, das Ungeheuer von Loch Ness gesehen zu haben – ohne daß bislang ein Beweis für die Existenz dieses Untiers gelungen ist und ohne daß die Öffentlichkeit den Berichten dieser einzelnen Glauben schenkt.

196

Also – ganz so leicht darf es sich ein „Forscher" wohl nicht machen, wenn er ernst genommen werden möchte! Vor allem nicht, wenn er eine geradezu „naturwissenschaftliche Erkenntnishaltung" beansprucht!

Steiner versucht, solche Vorwürfe abzuwehren: Auch die moderne Naturwissenschaft werde von den meisten Menschen „geglaubt", weil kaum einer in der Lage sei, sie zu überprüfen. Diese Verteidigung ist allerdings wenig überzeugend. Natürlich kann einer, der nicht Physik studiert hat, Grundlagen und weiterführende Theorien der Atomphysik nicht selbst überprüfen. Aber in dieser Wissenschaft sind alle Theorien und Grundlegungen, alle Versuche, die experimentell beobachteten Tatsachen zu deuten, der steten Überprüfung und der immer neuen kritischen Diskussion unter Fachgelehrten ausgesetzt.

Eine solche kritische Diskussion der Lehren Steiners gibt es aber in der Anthroposophie bis zum heutigen Tage nicht! Bis heute gilt Steiners Wort als verbindlich. Wird es nicht verstanden, so wird es nicht kritisch hinterfragt, sondern der Nachfolger sieht in sich selbst die Ursache des Nicht-Verstehens. Nicht Steiners Worte sind dann falsch, sondern man selbst ist „noch nicht weit genug", um sie zu verstehen. Dies „Argument" begegnet in Gesprächen mit Anthroposophen häufig.

Man begegnet dort also Steiners Worten nicht „unvoreingenommen" (so eine Hauptforderung Steiners), sondern mit der Grundhaltung, sie seien richtig und wahr. Dies ist sicher nicht die Erkenntnishaltung eines Naturwissenschaftlers, auch nicht die eines Wissenschaftlers auf irgend einem anderen Gebiete!

Steiner belegt die Wahrheit seiner „Mitteilungen" aus dem Bereich des Geistigen also nicht. Mit dem „Walfisch" und der Auslandsreise lassen sie sich nicht stützen. Statt dessen werden Wahrheit, Wirklichkeit, Objektivität stets behauptet – und diese Behauptung wird so oft wiederholt, daß der Eindruck entstehen soll, sie sei irgendwo begründet.

Aber Wiederholungen einer Behauptung machen diese noch nicht wahr!

Der Anspruch, Wahrheit mitzuteilen, hat aber eine unvermeidliche Konsequenz: Wer so genau weiß, wie die objektive Wahrheit aussieht, der muß alles andere als Irrtum, Lüge usw. abqualifizieren. Die Scheidelinie zwischen wahr und falsch, zwischen richtiger Erkenntnis und Irrtum ist für ihn (und für seine Anhänger) klar erkennbar. Ein Drittes dazwischen gibt es nicht. Wer für Steiner und seine „Geisteswissenschaft" eintritt, der steht auf der Seite der Wahrheit und des Guten, wer gegen ihn steht, der befindet sich auf der Seite des Irrtums und des Bösen. Daher ist Anthroposophie – ganz gleich, wie sie sich nach außen hin auch geben mag – von ihrem Ansatz her nicht tolerant. Sie kann nicht zwei Erkenntnisformen – etwa den Glauben der Kirche und ihr eigenes Wissen – nebeneinander gelten lassen. Statt dessen gibt es immer wieder die Komparative: Steiner vermittelt die „höhere" oder die „tiefere" Erkenntnis. Statt dessen gibt es ständig die kleinen, aber so anspruchsvollen Wörtchen „nur" und „allein" – die zahlreichen Zitate in diesem Buch haben das überdeutlich belegt.

4. Die Quellen der Erkenntnis

Der nächste Schritt bei der Prüfung des Wissenschaftsanspruchs soll die Frage nach den Quellen der anthroposophischen Erkenntnis sein. Hier treffen wir auf etwas höchst Befremdendes: Steiner behauptet, all seine Wahrheiten ‚unabhängig‘ von allen ‚äußeren‘ Urkunden, unabhängig von jeder vor ihm verfaßten Literatur allein durch seine Fähigkeit, übersinnliche Dinge direkt zu schauen, gefunden zu haben:

„Das müssen wir uns immer wiederum vor die Seele stellen, daß wir nicht aus Urkunden schöpfen, sondern daß wir schöpfen aus der geistigen Forschung selbst, und daß wir dasjenige, was aus der Geistesforschung geschöpft wird, in den Urkunden wieder aufsuchen" (Das Lukas-Evangelium, S. 22).
„Was heute erforscht werden kann ohne eine historische Urkunde, das ist die Quelle für das anthroposophische Erkennen" (ebenda, S. 20).

Gegen die (naheliegende) Vermutung, er habe ältere philosophische und okkulte Gedanken aufgenommen, setzt er sich selbstbewußt zur Wehr:

„Meinen Schauungen in der geistigen Welt hat man immer wieder entgegengehalten, sie seien veränderte Wiedergaben dessen, was im Laufe älterer Zeit an Vorstellungen der Menschen über die Geist-Welt hervorgetreten ist. Man sagte, ich hätte mancherlei gelesen, es ins Unterbewußte aufgenommen und dann in dem Glauben, es entspringe aus dem eigenen Schauen, zur Darstellung gebracht. Aus gnostischen Lehren, aus orientalischen Weisheitsdichtungen und so weiter soll ich meine Darstellungen gewonnen haben. Man ist, indem man dieses behauptet hat, mit den Gedanken ganz an der Oberfläche geblieben. Meine Erkenntnisse des Geistigen, dessen bin ich mir voll bewußt, sind Ergebnisse eigenen Schauens" (Die Geheimwissenschaft im Umriß, Vorrede zur 16. bis 20. Aufl. S. 23).

Wie erklärt er selbst aber die nicht abstreitbare Ähnlichkeit mit älteren Systemen, Schriften früherer Zeiten?

> „Sollte ich sie (= die selbst geschauten Erkenntnisse, J.B.) mitteilen, so bedurfte es der Wortbezeichnungen. Ich suchte dann später nach solchen in älteren Darstellungen des Geistigen, um das noch Wortlose in Worten ausdrücken zu können. Ich gebrauchte diese Wortbezeichnungen frei, so daß wohl kaum eine derselben in meinem Gebrauche zusammenfällt mit dem, was sie dort war, wo ich sie fand. Ich suchte aber nach solcher Möglichkeit, mich auszudrücken, stets erst, nachdem mir der Inhalt im eigenen Schauen aufgegangen war. Vorher Gelesenes wußte ich beim eigenen forschenden Schauen ... auszuschalten" (ebenda, S. 24).

Dieser Anspruch, alles mit eigenem Erkennen ergründen zu können, gilt für alle Teilgebiete, denen er sich zugewandt hat – für die Darstellung der Entwicklung von Kosmos und Menschheit ebenso wie für seine Aussagen über Christus und das Mysterium von Golgatha. Es verwundert angesichts dieses Anspruchs nicht mehr, daß diejenigen, die ihm Glauben schenken, ihn mit geradezu übermenschlichen Prädikaten versehen haben.

Ganz abgesehen von der Überheblichkeit einer solchen Haltung, die so sehr von der autonomen eigenen Erkenntniskraft überzeugt ist, stellt sich hier die Frage: Wem sind diese Erkenntnisquellen zugänglich? Etwa nur dem, der ihre Existenz behauptet und daraus weitreichende Folgerungen ableitet? Wer vermag denn zu kontrollieren, ob es stimmt, was Steiner über die Quelle seiner Erkenntnis berichtet? Reicht das zur Begründung einer Wissenschaft aus:

> „Meine Erkenntnisse des Geistigen, dessen bin ich mir voll bewußt, sind Ergebnisse eigenen Schauens" (Die Geheimwissenschaft im Umriß, Vorrede zur 16. bis 20. Aufl., S. 23).

200

Reicht das eigene Bewußtsein des Schauenden (oder hier überprüfbar zumindest: des Schreibenden)? Benötigt jede Wissenschaft nicht eine Gegenprobe? Steiner selbst mokiert sich ja über die gewöhnliche Ansicht, „Wahrnehmung geistiger Art" unterliege „bei den mit ihr begnadeten Menschen keiner wissenschaftlichen Kontrolle" (Theosophie und Geistesleben der Gegenwart, S. 13) – er hält hier eine solche „wissenschaftliche Kontrolle" für nötig –, aber sie kann doch nicht nur vom „Forscher" allein durchgeführt werden!

Auch in bezug auf die Quellen der „geisteswissenschaftlichen Erkenntnis" und ihre wissenschaftliche Überprüfbarkeit gibt es also schwere Bedenken, inwieweit solche Quellen überhaupt vorhanden sind oder lediglich – aus welchen Gründen auch immer – behauptet werden.

Wer hier schlicht dem Einen glaubt, ist manipulierbar.

5. Der Weg der Erkenntnis

5.1. Bedingungen

Steiner beansprucht für seine „Forschungen" wissenschaftlichen Charakter, weil er die Ergebnisse auf einem methodisch ausgewiesenen Weg errungen haben will.

Eine grundlegende Beschreibung jenes Weges gibt Steiner in seinem Buch „Wie erlangt man Erkenntnisse der höheren Welten?" (1902). Danach ist Geheimwissenschaft für jeden erlernbar:

„Der Zuhörer darf sich in jedem Augenblicke sagen: wovon dieser spricht, kann ich auch erfahren, wenn ich gewisse Kräfte in mir entwickele, die heute noch in mir schlummern" (ebenda, S. 13).

„Dieses Geheimwissen ist für den Durchschnittsmenschen in keiner anderen Beziehung ein Geheimnis, als warum das Schreiben für den ein Geheimnis ist, der es nicht gelernt hat" (ebenda; S. 14).

So geht es also darum, richtig zu lernen – und das heißt zuallererst: ernstlich zu suchen. Der Einstieg in einen solchen Weg kann auf verschiedene Weise erfolgen, aber der Weg selbst, so sagt Steiner, sei überall gleich:

„Die Wege, die den Menschen reif zum Empfange eines Geheimnisses machen, sind genau bestimmte. Ihre Richtung ist mit unauslöschbaren ewigen Buchstaben vorgezeichnet in den Geisteswelten, in denen die Eingeweihten die höheren Geheimnisse behüten" (ebenda, S. 15).

Allerdings nennt er doch Bedingungen für solche „Geheimschulung":

– „Man richte sein Augenmerk darauf, die körperliche und geistige Gesundheit zu fördern. Wie gesund ein Mensch ist, das hängt zunächst natürlich nicht von ihm ab. Danach trachten, sich nach dieser Richtung zu fördern, das kann ein jeder. Nur aus einem gesunden Menschen kann gesunde Erkenntnis kommen" (ebenda, S. 74).
– „Die zweite Bedingung ist, sich als ein Glied des ganzen Lebens zu fühlen" (ebenda, S. 75). Hierzu gehört die Mitverantwortung für alles, was geschieht.
–„Der Zögling muß sich zu der Anschauung emporringen können, daß seine Gedanken und Gefühle ebenso Bedeutung für die Welt haben wie seine Handlungen" (ebenda, S. 76).
– Der Geheimschüler muß sich „als seelisch-geistiges Wesen fühlen" (ebenda, S. 77).
– Der Geheimschüler muß „Standhaftigkeit" beweisen „in der

202

Befolgung eines einmal gefaßten Entschlusses" (ebenda, S. 77).

– „Eine sechste Bedingung ist die Entwickelung des Gefühles der Dankbarkeit gegenüber allem, was dem Menschen zukommt. Man muß wissen, daß das eigene Dasein ein Geschenk des ganzen Weltalls ist" (ebenda, S. 78).

– Durch den Willen, die vorgenannten Bedingungen zu erfüllen, „schafft sich der Zögling die Möglichkeit, seinem Leben ein einheitliches Gepräge zu geben" (ebenda, S. 78).

Diese Bedingungen, die den „Geheimschüler" kräftigen sollen, die Schwierigkeiten des Weges zu meistern, lassen ihn Vertrauen und wahre Menschenliebe finden, auf die alles Wahrheitsstreben gebaut sein muß – entspringen kann es allerdings nur aus eigener Seelenkraft (ebenda, S. 79).

Der Weg, den ein Geheimschüler geht, der den Willen hat, diese Bedingungen zu erfüllen, verläuft in drei Etappen oder Stufen: Vorbereitung, Erleuchtung und Einweihung.

5.2 Die Vorbereitung

Grundlage für die Vorbereitung zur Einweihung ist das Betreten des Pfades der Verehrung. Ehrfurcht und Demut sind die Stichworte:

„In diesem einen Grundgefühle findet sein (= des Geheimschülers, J.B.) ganzes Seelenleben den Mittelpunkt. Wie die Sonne durch ihre Strahlen alles Lebendige belebt, so belebt beim Geheimschüler die Verehrung alle Empfindungen der Seele" (ebenda, S. 19).

Für solche Verehrung gibt es nur sehr unbestimmte Maßstäbe: Steiner spricht von einer „Grundstimmung der De-
votion gegenüber allem wahrhaft Ehrwürdigen" (S. 19), seiner Meinung nach ist Verehrung überall da am Platze, „wo
sie aus den Tiefen des Herzens entspringt" (S. 16). Strikt
abgelehnt wird in diesem Zusammenhang jegliche Kritik
und Opposition:

> „Jede Kritik, jedes richtende Urteilen vertreiben ebensosehr
> die Kräfte der Seele zur höheren Erkenntnis, wie jede hin-
> gebungsvolle Ehrfurcht sie entwickelt" (S. 17).

Die ablehnende Haltung gegenüber Kritik und kritischer
Diskussion durchzieht das ganze Werk Steiners, wir werden noch mehrfach darauf zurückkommen.

Im Stadium der Vorbereitung hat der Geheimschüler
Meditationserfahrungen zu machen: In innerer Ruhe soll
er sich – angeleitet durch Schriften von bereits Eingeweihten – Gedanken machen über die Entwicklung des höheren
Menschen, er soll erfahren, daß sich

> „in Gedanken nicht bloße Schattenbilder ausleben, sondern
> daß durch sie verborgene Wesenheiten sprechen" (S. 28).

Der Geheimschüler wird dadurch „zur Anschauung seines
ewigen, unzerstörbaren Wesenskernes" geführt (S. 30)
und zur Anschauung von der „Wiederverkörperung desselben".

Die Meditation in der Stufe der Vorbereitung vollzieht
sich in besonderer Weise in der Betrachtung des Werdens
und Vergehens. Hieran entwickelt der Geheimschüler sein
„okkultes Sehen", erreicht er eine „Orientierung" im geistigen Bereich. Über die Ausbildung der Fähigkeit des Zuhö-
rens gelangt er zur Wahrnehmung des inneren Wortes und
beginnt damit allmählich, Offenbarungen aus den geistigen
Welten zu empfangen.

204

5.3 Die Erleuchtung

In dieser Phase des Weges nimmt der Geheimschüler innere Lichterscheinungen wahr, seine „Hellseherorgane" bilden sich aus („Geistesaugen"), und Farben und Figuren geistiger Art werden erkannt. Steiner schärft seinen Schülern ein, parallel zum Fortschreiten auf dem Weg der Erkenntnis die moralischen Qualitäten auszubilden.

Auf diesem Wegabschnitt benötigt der Schüler („Zögling") vor allem Geduld, Ausdauer und Vertrauen. Er entwickelt den Mut, den er für die Prüfungen der Einweihung benötigt. Am Ende dieses Weges ist er reif, die wahren Namen der Dinge zu erfahren – aus diesem Grunde spricht der Eingeweihte eine andere Sprache als der Uneingeweihte.

5.4 Die Einweihung

Der Eingeweihte gelangt zu Erkenntnissen, die, so Steiner, der normale Mensch erst in Zukunft, in einer späteren Inkarnation haben könne. Die fehlende, zukünftige Erfahrung wird ersetzt durch Proben.

> „Die erste ‚Probe' besteht darinnen, daß er eine wahrere Anschauung erlangt von den leiblichen Eigenschaften der leblosen Körper, dann der Pflanzen, der Tiere und des Menschen, als sie der Durchschnittsmensch besitzt" (S. 55).

Diese Probe ist die „Feuerprobe". Vor der zweiten Probe, der „Wasserprobe", wird dem Kandidaten das okkulte Schriftsystem enthüllt. Aus der okkulten Schrift liest er eine Pflicht ab, die er auszuführen hat, ohne durch äußere Notwendigkeiten dazu gezwungen zu werden.

Die dritte Probe, die „Luftprobe", dient der Bestätigung der Geistesgegenwart. Danach wird der Kandidat eingeführt in den Tempel der höheren Erkenntnis. Er wird zur Verschwiegenheit verpflichtet all denen gegenüber, die noch nicht ausreichend vorbereitet sind, das Wissen zu erlangen.

Beim Betreten der geistigen Welten begegnet der „kleine Hüter der Schwelle" – er ist aus dem Menschen selbst herausgetreten und eine Verkörperung seiner guten wie schlechten Taten, Gedanken, Wünsche in diesem Leben wie in den vergangenen Inkarnationen.

Danach zeigt der „große Hüter" das Ziel allen Lebens an: die Seligkeit, die Vereinigung mit ihm. Von ihm geht ein unbeschreiblicher Glanz aus.

Der Fortschritt im geistigen Bereich ist immer gekoppelt an eine Stärkung des moralischen Handelns im Einsatz für den Nächsten, für die ganze Welt.

Am Ende dieses Erkenntnisweges steht der „Eingeweihte", der die große Übereinstimmung erkennt, in der die wahren Weisen aller Zeiten und aller Völker über die tiefsten Geheimnisse der Menschheit gesprochen haben. In seinen Vorträgen zum Johannes-Evangelium beschreibt Steiner die Fähigkeiten solch eines Eingeweihten:

„Ein Eingeweihter (ist) der, der sich erheben konnte über die äußere physisch-sinnliche Welt und eigene Erlebnisse, eigene Erfahrungen haben konnte in den geistigen Welten, der also die geistige Welt so erlebt, wie der Mensch durch seine äußeren Sinne, Augen, Ohren und so weiter, die physische Welt erlebt. Ein solcher Eingeweihter ist also ein Zeuge für die geistigen Welten und ihre Wahrheit" (S. 183).

Für solch einen Eingeweihten ist es notwendig,

„daß er sich auch erhebt über die Gefühle und Empfindungen, die innerhalb der physischen Welt durchaus nicht nur berechtigt, sondern auch tief notwendig sind, die aber nicht in derselben Weise in der geistigen Welt vorhanden sein können" (ebenda, S. 183).

Dieser Eingeweihte ist ein „heimatloser Mensch", weil er den Zugang zu beiden Welten hat, zur physischen und zur geistigen. Ein solcher ‚Wanderer zwischen zwei Welten' trägt eine schwere Bürde: die Entfremdung von den anderen Menschen. Kennzeichen dieser Entfremdung ist seine Distanz zu den Gefühlen der physischen Welt:

„Ein Mensch darf keine Spezialsympathien in der geistigen Welt entwickeln, die ähnlich sind jenen Spezialsympathien, die der Mensch hier in der physischen Welt für einzelne spezielle Gebiete und Zusammenhänge hat" (ebenda, S. 184).

Steiner bezieht hier auch die engsten Bindungen ein: familiäre Beziehungen, Zugehörigkeit zu einem Volk, einem Staat.

„Wenn er (= der Eingeweihte) aber diese Gefühle anwenden wollte in der geistigen Welt, würde er eine sehr schlimme Mitgift mitbringen für die geistige Welt. Da heißt es nicht, irgendeine Sympathie für etwas zu entwickeln, sondern alles auf sich objektiv wirken zu lassen, nach dem im Objekte liegenden Wert ... Ein objektiver Mensch im vollen Sinne des Wortes muß der Eingeweihte werden" (ebenda, S. 184).

5.5 Beurteilung des Erkenntnisweges

Für Steiner ist mit der Angabe eines Erkenntnisweges allein bereits die Berechtigung gegeben, seine Anthroposophie eine „exakte" Wissenschaft zu nennen. Wir müssen fragen, ob der Erkenntnisweg ein wissenschaftlicher Weg genannt werden kann.

Schon der erste Schritt der Vorbereitung zeigt, wie Steiner sich von seinem Anspruch einer „naturwissenschaftlichen Erkenntnishaltung" entfernt: an die Stelle der Kritik tritt die Verehrung. Die kritische Grundhaltung der Neuzeit, die letzten Endes ihre Wurzel in der nüchternen Betrachtung der Umwelt durch Judentum und Christentum hat, jenes „Prüfet alles, das Beste behaltet", wird als prinzipielle Abwendung von spiritueller Erkenntnis abgelehnt.

Steiner appelliert nicht mehr an das kritische, d.h. unterscheidende Vermögen des Menschen, sondern an die „heilige Scheu", wie sie etwa Kinder bei der Begegnung mit von ihnen verehrten Menschen empfinden. Die Verehrung gilt ihm grundsätzlich als eine Tugend, sie soll die Grundhaltung des Menschen bilden, der sich auf den von Steiner beschriebenen Erkenntnisweg macht. Der Gegenstand dieser Verehrung ist beliebig, sie ist am Platze, „wo sie aus den Tiefen des Herzens entspringt" (ebenda, S. 16). Welchen irrationalen, unkritischen Verirrungen wird hier die Tür geöffnet. Mögliche Kritik von Schülern schaltet Steiner also gleich am Anfang aus.

Wer kritisiert, statt zu verehren, der ist für eine Fortsetzung des Weges noch nicht reif, er muß so lange trainieren, bis er entweder aufgibt oder seine kritischen Ansätze zugunsten des Ja-Sagens verleugnet. Und so lesen wir mehrfach in Berichten von Seminaren Steiners, wie kritische Frager als Störenfriede empfunden werden, die

„möglichst jede Diskussion, gerade wenn sie allseitig befriedigende Aufklärung erfahren hatte, dadurch zu stören" berufen schienen, „daß sie einen Einwand brachten, der sachlich schien" (E. Lehrs, in: Wir erlebten Rudolf Steiner, S. 120).

Die anderen Teilnehmer werden dagegen als die „Gutwilligen" gelobt – für eine wissenschaftliche Diskussion eine bedenkliche Klassifizierung.

Viele der anderen Teile von Steiners Erkenntnisweg sind Elemente christlicher oder östlicher Meditation. Jedoch wurde von denen, die sie übten, nicht der Anspruch auf die Erkenntnis „objektiver" Tatsachen der geistigen Welten erhoben. Seine ethischen Anweisungen entsprechen durchaus der traditionellen christlichen Ethik bzw. dem Anliegen eines ‚natürlichen' Humanismus.

Steiners Erkenntnisweg führt also keinesfalls zu einer Erkenntnis im naturwissenschaftlichen Sinn. Nun ist das natürlich nicht die einzige Form des Erkennens. Philosophie, Geschichtsschreibung und Philologie haben – ebenso wie Psychologie und Soziologie – andere Formen und andere Beschreibungen von Wissenschaft.

Er lehnt sich aber ausschließlich an die Naturwissenschaft an – und muß darum an ihnen gemessen werden. Steiners Erkenntnisse wollen andererseits nicht intellektuelles Wissen bieten, sondern wollen ein Heilsweg sein, auf dem der Erkennende sein Leben zum richtigen Ziel führen kann. In dieser Interpretation nähert sich dieses „Erkennen" allerdings wieder jener christlichen „Glaubenserkenntnis" oder Glaubenshaltung, die Steiner mit seiner „Geisteswissenschaft" gerade überwinden möchte.

6. Steiners Kriterien zur Beurteilung übersinnlicher Erkenntnisse

Steiner schreibt zwar von einer Position, die vor ihm, neben ihm und auch nach ihm kein anderer erreicht hat. Aber er möchte doch nicht nur die wenigen ansprechen, die sich vielleicht aufmachen, den langen und beschwerlichen und von so mancherlei Sonderlichkeiten durchsetzten Weg der Geheimschulung zu gehen. Daher möchte er die nützliche Funktion seiner „Erkenntnisse" auch für andere herausstellen:

> „Es ist nicht richtig, wenn gesagt wird: Was nützt es uns, wenn uns dies oder jenes von der Geistesforschung mitgeteilt wird, wenn wir nicht selber hineinschauen können! ... Das, was durch unmittelbare Anschauung, durch die menschlichen Erkenntniskräfte selber als übersinnliche Welt erkannt wird, das soll duch die spirituelle Weltanschauung ins allgemeine Bewußtsein übergehen" (Bibel und Weisheit, S. 10/11).

Und an anderer Stelle formuliert er:

> „Es wäre ein Irrtum zu glauben, daß die Mitteilungen der Geisteswissenschaft für den wertlos seien, der nicht Neigung oder Möglichkeit hat, diesen Weg selbst zu gehen. Um die Tatsachen zu erforschen, muß man die Fähigkeit haben, in die übersinnlichen Welten hineinzutreten. Sind sie aber erforscht und werden sie mitgeteilt, so kann auch derjenige, welcher sie nicht selber wahrnimmt, sich eine hinreichende Überzeugung von der Wahrheit der Mitteilungen verschaffen" (Wie erlangt man Erkenntnisse der höheren Welten, S. 7).

Eine solche „hinreichende Überzeugung von der Wahrheit" kann man sich aber nur verschaffen, wenn es Kriterien zur Beurteilung gibt. Steiner nennt solche Kriterien:

„Ein großer Teil derselben (= der Erkenntnisse) ist ohne weiteres dadurch zu prüfen, daß man die gesunde Urteilskraft in wirklich unbefangener Weise auf sie anwendet" (ebenda, S. 7).

Das „Gesunde" spielt auch sonst eine große Rolle: das „gesunde Gefühl", die „gesunde Lebensnahrung", als die sich die „Erkenntnisse" erweisen, und weitere Kriterien. Der „Geistesforscher" selbst benötigt „gesunde Wahrnehmungsorgane", die „entsprechende Ausbildung" erfordern.

Es ist wohl unschwer einzusehen, daß dies untaugliche Kriterien sind, um die Wahrheit, bzw. die Richtigkeit einer Lehre, einer „Mitteilung" zu beurteilen.

Was ist denn „gesunde Urteilskraft"? „Gesundes Gefühl"? Hier wird doch wiederum – wie bei der „Verehrung" – ein unkontrollierbarer Irrationalismus vertreten! Im Gewande von wissenschaftlich erscheinender Argumentation wird subjektive Willkür zum Maßstab erhoben. Wer beurteilt denn, ob die Urteilskraft, das Gefühl, das Wahrnehmungsorgan „gesund" sind? Wird hier nicht der zu Beurteilende selbst zum Beurteiler? Erweisen sich Gesundheit und Krankheit nicht an der Zustimmung zu Steiners Ausführungen? Das Urteil von Kritikern und Gegnern ist dann – natürlich – ungesund, krank. Der Schritt zu ihrer Verurteilung als minderwertig und dekadent ist dann nicht mehr weit! So teilt man die Welt auf in die guten, gesunden, positiven Ja-Sager und die bösen, ungesunden, minderwertigen Verneiner. Und selbst der „Geistesforscher", der zu anderen Ergebnissen als Steiner käme, müßte sich nachsagen lassen, seine Wahrnehmungsorgane seien eben nicht „gesund". Objektive, nachprüfbare Kriterien gibt es für diese schwammigen Begriffe nicht.

Die Konsequenz ist die Absolutsetzung der eigenen Anschauung. Nicht durch nachprüfbare Begründungen erweisen sich Steiners „Erkenntnisse" als wahr, sondern in der suggestiven, willkürlichen Verwendung der Begriffe gesund – krank.

Gleiches gilt von der so gern benutzten Formel der „Vorurteilslosigkeit" oder „Unbefangenheit". Steiner ist hier das Opfer jenes oben skizzierten positivistischen Wissenschaftsbegriffs des ausgehenden 19. Jahrhunderts geworden. Doch schon zu seiner Zeit entwickelte der Philosoph Wilhelm Dilthey die Grundlage für eine Erkenntnistheorie, die berücksichtigt, daß wir geprägt sind durch bestimmte kulturelle, gesellschaftliche, religiöse Einflüsse, von den Interessen, die wir verfolgen. All das fließt in die Betrachtung von religiösen, philosophischen, politischen und historischen Problemen ein. Es kommt daher darauf an, bei all diesen Fragen den eigenen Standpunkt klarzulegen und die eigene Subjektivität bewußt in Rechnung zu stellen und nicht so zu tun, als gäbe es sie nicht. Die Betonung von „Vorurteilslosigkeit" und „Unbefangenheit" zeigt, wie wenig Steiner die wissenschaftstheoretische Diskussion seiner Zeit verfolgt hat. Allerdings – mit dieser Forderung der „Vorurteilslosigkeit" läßt sich trefflich argumentieren: Wer sich der Anthroposophie verschließt oder sie gar kritisiert, der ist eben nicht „vorurteilslos", sondern steckt voller Ängste, voller materialistischer Weltanschauung, voller Unehrlichkeit.

Die genaue Untersuchung eines kleinen Abschnitts aus dem Buch „Die Geheimwissenschaft im Umriß" soll exemplarisch zeigen, wie sehr seine – von den Anhängern in Diskussionen immer gerne ins Feld geführte – Forderung der Kritik ein rhetorisches Schattenboxen ist. Es wird hier deutlich, wie wenig Gewicht Steiner jenem Urteil von „Nichteingeweihten" beimißt, selbst wenn es mit „gesunder" Urteilskraft und „unvoreingenommen" gefällt wird.

Zunächst gibt Steiner sich gesprächsbereit:

> „Erforscht können die übersinnlichen Tatsachen nur durch die übersinnliche Wahrnehmung werden. Sind sie aber erforscht, und werden sie von der Wissenschaft des Übersinnlichen mitgeteilt, so können sie eingesehen werden durch das gewöhnliche Denken."

Ein unbefangener Hörer kann sich sagen:

> „erstens ist es durchaus logisch, was diese Erkenntnis berichtet; zweitens kann ich es einsehen, daß die Dinge so geworden sind, wie sie mir eben entgegentreten, wenn ich annehme, daß es richtig sei, was durch die übersinnliche Forschung mitgeteilt wird".

> Ja, Steiner räumt sogar ein, daß ein „Forscher" des Übersinnlichen logischen Irrtümern verfällt, „und daß einen solchen dann jemand verbessern kann, der gar nicht übersinnlich wahrnimmt, wohl aber die Fähigkeit eines gesunden Denkens hat" (Die Geheimwissenschaft im Umriß, S. 107).

Aber kaum ist diese Erlaubnis von Kritik ausgesprochen, wird sie rigoros eingeschränkt:

> „Aber im Wesen kann gegen die in der übersinnlichen Forschung angewandte Logik nichts eingewendet werden" (ebenda).

Der „unbefangene Leser" muß sich hier doch mit Recht fragen, warum das eigentlich nicht geht! Die Logik ist doch nicht mit zweierlei Maß zu messen!

Und nach dieser Einschränkung knallt Steiner die Tür des Gespräches lautstark zu:

„und gar nicht nötig sollte man haben zu betonen, daß gegen die Tatsachen selbst nichts aus bloß logischen Gründen vorgebracht werden kann" (ebenda).

Wir erinnern uns hier an die fundamentale Aussage vom Walfisch, der eine Tatsache sei!

Ja, so muß sich der „unbefangene Leser" fragen: was bleibt eigentlich Gegenstand des Gesprächs, was bleibt eigentlich als Möglichkeit der Korrektur, der Verbesserung, wenn weder die Logik noch die Tatsachen Gegenstand des kritischen Einwandes werden können! Was bleibt ihm da anderes, als seine Denkfähigkeit lediglich in bejahendem Sinne einzusetzen! Die wissenschaftliche Diskussion verläuft auch hier als Einbahnstraße: Einer sagt, wie es ist, und die anderen empfangen, nehmen auf, stimmen zu.

Steiners Aufforderung, seine Aussagen kritisch zu begleiten, erweist sich als Rhetorik ohne Substanz.

7. Die Diffamierung von Kritik und Kritikern

Zu einer jeden Wissenschaft gehört es, daß sie sich der Kritik, dem offenen Gespräch stellt, an das keine Vorbedingungen geknüpft werden. Das macht doch gerade den Wissenschaftscharakter aus, daß eine Sache, ein Urteil, eine Erkenntnis sich im Widerstreit der Argumente als wahr, als richtig erweist.

Wir haben nun mehrfach gesehen, wie Steiner innerhalb seines Systems die Kritik als schädlich ablehnt, wie er Kriterien aufstellt, die sich als völlig untauglich erweisen, wie er Offenheit für Kritik und Gespräch als rhetorischen Kniff vorführt.

214

Damit ist das Arsenal aber keineswegs erschöpft. Wir finden einen reichen Vorrat an Immunisierungsstrategien, die verhindern sollen, daß kritische Äußerungen an die Anhänger herangetragen werden. Steiner selbst kennt diesen Vorwurf – er ist ja keineswegs hier neu und erstmalig erhoben. Und er versucht selbst ihn zu entkräften:

> „Von vielen Seiten konnte ich hören: Andere Wissenschaften beweisen; was hier als Wissenschaft sich gibt, sagt einfach: die Geheimwissenschaft stellt dies oder jenes fest. Ein solches Vorurteil stellt sich naturgemäß ein, da ja das Beweisende der übersinnlichen Erkenntnis sich durch die Darstellung nicht so aufdrängen kann wie bei der Darstellung von Zusammenhängen der sinnenfälligen Wirklichkeit" (Die Geheimwissenschaft im Umriß, Vorrede zur 7. bis 15. Auflage, S. 19).

Da wird getrickst: Die offenkundige Tatsache, die „von vielen Seiten" schlicht benannt wird, deutet Steiner in ein „Vorurteil" um – wir sehen, wie die Brauchbarkeit des Kriteriums der „Vorurteilslosigkeit" zu einer Polemik, die an den Argumenten vorbeigeht, von uns nicht an den Haaren herbeigezogen wurde, sondern bei Steiner selbst entsprechend ausgenutzt wird!

In seiner Ablehnung der „von vielen Seiten" erhobenen Kritik weist Steiner keinen Weg, wie seine „Geheimwissenschaft" denn je etwas anderes enthalten könnte als Behauptungen, die unüberprüfbar sind.

Und so wird Argumentation ersetzt durch Behauptung. Auf ihrer ständigen Wiederholung beruht die ganze „Wissenschaftlichkeit".

Aber eine Behauptung wird nicht durch Rhetorik zur Erkenntnis. Und Selbstbewußtsein, Herausstellen der eigenen Fähigkeiten unter gleichzeitiger Herabsetzung der anderen macht noch nicht den „Forscher" aus. So können folgende Sätze nur als elitäre Unverfrorenheit verstanden werden:

> „Ein Unwissender kann durch noch so oftmalige Beteuerung seines Wissens den, der etwas wirklich weiß, nicht überzeugen. Die Ansicht von hundert Personen über eine Sache, von der sie absolut nichts wissen und verstehen, fällt ebensowenig ins Gewicht wie die Ansicht eines einzelnen von ihnen … Wenn wir Nichts auch mit Tausend multiplizieren, so bleibt es doch immer nichts" (Die übersinnliche Welt und ihre Erkenntnis, S. 22/23).

Mit welcher Arroganz versucht Steiner seine Anhänger, mit nichts als Gerede, immun zu machen gegen jeden negativen Gedanken! Dabei ließe sich das Argument leicht umkehren:

Wenn auch einer hundertmal behauptet, etwas zu schauen, und er kann den Wahrheitscharakter nur durch graphische Hervorhebung der ständig wiederholten Worte „wahr", „richtig", „objektiv" usw. vermitteln, so zeigt das dem Leser noch lange nicht, daß er tatsächlich irgend etwas „geschaut" hat!

Im Bewußtsein, Inhaber der allein richtigen Erkenntnis zu sein, bestimmt Steiner auch, mit wem er über seine Werke reden will – natürlich nur mit denen, die seinem Weg folgen.

So heißt es als Vorspann zu vielen Vorträgen:

> „Für die Angehörigen der freien Hochschule für Geisteswissenschaft Goetheanum gedruckt. Es wird niemand für die Schriften ein kompetentes Urteil zugestanden, der nicht die

216

von dieser Schule geltend gemachte Vor-Erkenntnis durch sie oder auf eine von ihr selbst als gleichbedeutend anerkannte Weise erworben hat. Andere Beurteilungen werden insofern abgelehnt, als die Verfasser der entsprechenden Schriften sich mit den Beurteilern in keine Diskussion über dieselben einlassen" (z.B. in: Wie finde ich den Christus).

Man stelle sich vor, ein solcher Satz stünde am Beginn eines wissenschaftlichen Werkes: Der Verfasser sucht sich aus, wer als kompetent gelten darf, um seine Arbeit zu kritisieren! Undenkbar. Das gibt es nur in der „Geisteswissenschaft".

Eine andere Form, sich der Kritik zu entziehen, ist die Verleumdung der Kritiker. So beschwört Steiner seine Hörer:

„Keinen Augenblick darf daran gezweifelt werden, daß es in bezug auf diese Dinge möglich sei, jedem die Augen zu öffnen, der den guten Willen mitbringt" (Theosophie, S. 15).

Wer sich verweigert, ist durch „dogmatisches Vorurteil der ‚Wissenschaft' ganz geblendet" (Reinkarnation und Karma, S. 39). Die ganze Aufteilung des Weltgeschehens in Gut und Böse und das Selbstverständnis der Anthroposophie als kühner Wegbereiterin des Guten, die von den Mächten der Finsternis stets umlauert wird, zeigen folgende Sätze:

„Sie müssen ins Auge fassen, daß dasjenige, was uns als gegnerisch, namentlich, was als gegnerische Persönlichkeiten auftritt, wirklich zum großen Teil Figuranten sind für die gegnerischen Mächte. Wir treten in ein Wirken übersinnlicher Gewalten ein" (Die okkulte Bewegung im 19. Jahrhundert, 7. Vortrag).

So werden die Kritiker dämonisiert, die kleine Schar der Erkennenden schart sich eng um den Meister.

Mit solcher Einstellung konnte Steiner seine Gegner bei seinen Anhängern zum Gespött machen. Die Kehrseite war allerdings, daß Steiners „Geisteswissenschaft" von den bedeutenden Gelehrten kaum beachtet, und wenn beachtet, dann ironisiert wurde – und wird. Aber wie die „Außenstehenden" denken, interessiert diejenigen kaum, die ihre eigene kleine Gruppe für die Speerspitze der Weltentwicklung halten!

Eine letzte Immunisierungsstrategie gilt schließlich denen, die sich immer noch nicht abhalten lassen, Steiners Schriften kritisch zu durchleuchten. Steiner gibt seinen Worten eine höchst seltsame Bedeutung:

„Auf dem Wege, wodurch das, was wir innerlich in der Seele als Wahrheit wirklich erleben, zur Sprache wird, stumpft es sich bereits ab ... (Daher gilt:) nicht so sehr auf das kommt es an in der Geisteswissenschaft, was gesagt wird, ... sondern darauf kommt es an, wie es gesagt wird. Derjenige, der nämlich glaubt, daß die Worte selbst etwas anderes sind als eine Eurythmie, irrt sich sehr. Die Worte sind nur eine vom Kehlkopf ausgeführte, von der Luft mitbewirkte Eurythmie. Sie sind bloß Gebärden" (Wie finde ich den Christus, S. 20/21).

Ja – wozu macht Steiner dann eigentlich so endlos viele Worte? Als Kehlkopfgymnastik? Wer hier noch die Spur eines Wissenschaftsverständnisses entdecken möchte, der muß alles vergessen, was er bislang für Wissenschaft gehalten hat.

8. Zusammenfassung

Die Darstellung und die Kritik des Wissenschaftsanspruchs der Anthroposophie mußten so ausführlich werden, weil hier ein Schlüssel zum Verständnis der anthroposophischen Redeweise liegt – und auch der Ansatzpunkt zur kritischen Beurteilung. Alles, was in den vorigen Kapiteln geschildert wurde, muß auf dem Hintergrund dieses Wahrheitsanspruchs gesehen werden.

Als Ergebnis ist festzuhalten: Was auch immer Anthroposophie sein mag – eine „Wissenschaft" mit einer Erkenntnishaltung, wie sie die Naturwissenschaften kennen, ist sie sicherlich nicht, auch wenn Steiner dies immer wieder behauptet. Sie stellt sich vielmehr – aller gegenteiligen Behauptung zum Trotz – als eine Glaubenshaltung dar. Ihr behauptetes Erkennen ist der Glaube daran, daß einer, Rudolf Steiner, etwas „erkannt", „geschaut" hat.

Steiner setzt sich selbst mit diesem Einwand auseinander:

> „Wo bleibt, kann die Wissenschaft sagen, das, was gerade die schönste Errungenschaft dieser Wissenschaft ist, daß sie durch die Forschungen der letzten Jahrhunderte nur das gelten läßt, was von jedem Menschen objektiv und überall und zu jeder Zeit kontrolliert werden kann",

wenn hier ihre Erkenntnisse doch

> „kein anderer kontrollieren kann als der, der sie selbst erlebt" (Wie widerlegt man Geistesforschung, S. 18).

Steiner versteht diesen selbstformulierten Einwand zwar nur rhetorisch, aber seine Antwort ist – m.E. – alles andere als überzeugend:

219

„Von einem gewissen Punkte ab weiß die Seele durch das, was
sie erlebt, daß sie nicht mehr subjektive Vorgänge erlebt, sondern daß sie ihre Subjektivität abgestreift hat und in ein Objek-
tives hineinkommt, das für jeden objektiv ist, wie das Mathe-
matische objektiv ist, trotzdem man seine Beweiskraft nur im
Innern erleben kann" (Wie begründet man Geistesforschung,
S. 63/64).

Da wird – wie wir es zuvor immer wieder gesehen haben –
auf den berechtigten Einwand nur mit einer unkontrollier-
baren Behauptung geantwortet. Immer neue Behauptungen werden auf die alten gestützt – und es bleibt nichts als
der Glaube an Steiners Autorität. Und schließlich: Steiner
beschreibt einen Erkenntnisweg, der zu Erkenntnissen in
der geistigen Welt führen soll. Dieser Weg soll jedem offen-
stehen, jeder habe die Begabung zum „Geistesforscher",
wenn auch nur latent. Woran liegt es aber, wenn sich 70, 80
Jahre lang trotz eifrigster Nachfolge kein zweiter auch nur
annähernd zu dem Erkenntnisstand emporschwingen
konnte, wie Steiner ihn für sich beanspruchte, wenn doch
die Grundlage für alle gleich ist: das Ich, die Individualität,
die aus dem geistigen Bereich stammt. Alle Wissenschaften
haben seit Beginn des Jahrhunderts gewaltige Fortschritte
gemacht – nur die „Geisteswissenschaft" der Anthroposophen ist über ihren Begründer nicht hinausgekommen – ja,
hat ihn nie wieder erreicht. Kann daraus ein anderer Schluß
gezogen werden, als der, daß dieser Weg nicht zum ge-
wünschten Ziel führt? Wie hätte dieses Ziel sonst immer
nur verfehlt werden können?
  Es läuft immer wieder, ganz gleich, von welcher Seite
man sich der Anthroposophie nähert, auf die Frage nach
der Autorität Steiners hinaus. Seine „Geisteswissenschaft"

zu glauben, sein „Fünftes Evangelium" zu glauben, bedeutet, ihm einen Vertrauensvorschuß zu geben, wie er nur einem Gottgesandten gebührt – wie er von den Propheten des Alten Testaments beansprucht wurde, wie er von Jesus Christus beansprucht wurde, wenn er mit „Vollmacht" das Gesetz auslegt („Den Alten ist gesagt – ich aber sage euch"). Es ist eine Glaubensentscheidung, Steiner zu akzeptieren. Eine Entscheidung, die mit der Entscheidung zu dem Jesus Christus, wie er uns aus den Evangelien entgegentritt, konkurriert.

Die Verehrung Steiners durch seine Anhänger zeigt, daß diese Vergleiche auch von ihnen für angemessen gehalten wurden und werden. Da ist aber jegliche „Wissenschaftshaltung" am Ende, wo um den Meister ein Personenkult getrieben wird, der ihn zu einer Art höherem Wesen macht. Wissenschaft lebt davon, daß kein Forscher eine größere Autorität beanspruchen kann als ein anderer. Anstelle von Autorität tritt dort die Kompetenz – und die hat sich in der Auseinandersetzung zu bewähren.

XIII. Schlußbetrachtung

1. Anthroposophie – eine bürgerliche Protest-
bewegung

Es ist sicher kein reiner Zufall, daß die Anthroposophie, entwickelt in den ersten Jahrzehnten unseres Jahrhunderts, während der letzten 15 Jahre eine solche Renaissance erlebt hat. Ernst Blochs Wort von der Anthroposophie als „Gnosis für Mittelstand mit einem Stich" (Das Prinzip Hoffnung, S. 1397) greift entschieden zu kurz.

Als Steiner seine „Geisteswissenschaft" ausformte, war die Gesellschaft – und die Kirche in ihr – von einer schweren Krise geschüttelt, die in vielem vergleichbar ist der Krisensituation unserer Gegenwart.

Damals suchte die Jugendbewegung neue Wege zum Verständnis der Natur, der Expressionismus kreierte den neuen Menschen (Franz Werfel, Georg Kaiser), der durch innere Läuterung aus dem Alten hervorgehen sollte.

Oswald Spengler legte sein gigantisches Werk vom zyklischen Werden und Vergehen der Kulturen vor („Untergang des Abendlands"), und eine Fülle kleiner Naturapostel und „barfüßiger Propheten" (so der Titel einer Untersuchung dieses Phänomens von U. Linse) sammelte eine Gemeinde oder eine Jüngerschar um sich. Es wäre sicher eine interessante Aufgabe, die Anthroposophie einmal in dieses brodelnde kulturelle Umfeld hineinzuzeichnen.

Heute sind es andere Probleme, aber die Stimmung der Angst, der Unsicherheit und zugleich einer manchmal verzweifelten Hoffnung auf Auswege aus schier auswegloser

222

Situation führen zu ähnlichen Stimmungslagen. Nach dem Scheitern des politischen Aufbruchs von 1968 ist in der damals jungen Generation Resignation und Rückzug ins Private weit verbreitet.

Die globalen Bedrohungen erscheinen übermächtig, und die Ohnmacht des einzelnen wird schmerzlich erfahren: Ständig weitere Aufrüstung der beiden Blocksysteme, ökologische Alarmzeichen, die noch nicht absehbaren Veränderungen für Arbeitsmarkt und Privatleben durch den rasant zunehmenden Einsatz von Computern, die Möglichkeit einer totalen Erfassung des einzelnen durch die Verkopplung verschiedener Datenspeicher, die Anonymität in der Gesellschaft. All dies hat zu Gefühlen der Hilflosigkeit und des Ausgeliefertseins geführt, in denen Halt, Sinnzusammenhang und eine Bestätigung des menschlichen Wertes dieser nicht mehr verstandenen Welt gesucht werden. Die Welle der „neuen Religiosität" zeugt davon.

Diese großen Ängste haben allerdings auch Gegenbewegungen hervorgerufen – ökologische, pazifistische –, die oft verknüpft sind mit der Sehnsucht nach einer heilen, ganzen Welt.

Die weit verbreitete Geschichtslosigkeit, die zugleich das Gefühl der Wurzellosigkeit mit sich bringt, treibt eine Gegenbewegung hervor, die die Verankerung des Menschen, vielleicht des eigenen Ich, in den zeitlosen, ewigen Zusammenhängen erkennen möchte.

All diese Strömungen münden ein in jenes Streben, das so gerne mit der Formel „alternativ" versehen wird. Die einen treibt es in politisch wirkende Gruppen, andere kehren der Gesellschaft den Rücken, sie steigen aus. Einige suchen ihren Lebenssinn bei den Jugendsekten, andere in den Meditationspraktiken des Buddhismus.

223

Auch die Anthroposophie ist wohl eine solche Form des „alternativen" Protestes. Es ist die einzige „alternative" Bewegung, die sich von der Krisenzeit des Beginns unseres Jahrhunderts bis in unsere Zeit hinein gehalten hat – und sie erlangt aufgrund dieser Dauer eine besondere Legitimation und Bewunderung. Außerdem ist sie sicher die bürgerlichste, bildungsintensivste Form. Sie kommt jenem mittelständischen Milieu entgegen, dem Steiner eine Zeitlang angehört: dem Milieu der Salons und der Teegespräche, der Plauderei über alles und jedes. Sie vermittelt eine Rundum-Bildung durch einen universal Gebildeten, in der die assoziative Einpassung von geschichtlichen Entwicklungen, von wissenschaftlichen Bruchstücken, von Literatur und Philosophie möglich wird: mit Hilfe einer geistvoll flachen Aneignung und Wiedergabe der jeweiligen Kultur-Bruchteile, in der nur Zusammenhänge behauptet werden, niemals aber eine gründliche, den wissenschaftlichen Ansprüchen genügende Untersuchung von Details vorgenommen wird.

Die bürgerliche Lebensform von Bildungsvorträgen und Lesezirkeln lebt hier weiter als ein Angebot zu mühelosem Erkennen – mühelos jedenfalls im Blick auf die Auseinandersetzung mit Urkunden und Quellen und mit wissenschaftlich kontroversen Untersuchungen. Die Mühe richtet sich jetzt lediglich auf ein besseres, innerlicheres Verstehen der niemals hinterfragbaren Werke des Meisters: Rudolf Steiners.

Die Bezeichnung der Anthroposophie als „Wissenschaft" und die Benennung ihrer Lehren als „Erkenntnisse" mögen dazu beigetragen haben, daß von den Anhängern Steiners kritiklos akzeptiert wird, was er vorgetragen oder geschrieben hat. Die „geistigen Urkunden" kann außer ihm niemand lesen, die „Akasha-Chronik" außer ihm niemand entziffern, seine „Forschungsergebnisse", die ausnahmslos auf eigenen Schauungen beruhen sollen, niemand überprüfen.

So stellt sich die Anthroposophie als ein System dar, in dem unter dem Versprechen der Freiheit in Unfreiheit und Abhängigkeit geführt wird. Autorität wird nicht abgelöst, sondern wird in extremer Weise gefordert.

2. Das Verhältnis von Anthroposophie und christlichem Glauben: 10 Thesen

Im Verlaufe der Untersuchung ist durchgängig das Verhältnis von anthroposophischer „Erkenntnis" und christlichem Glauben zur Sprache gekommen. 10 Thesen zu dieser Frage sollen den Abschluß bilden.

1. Anthroposophie behauptet, die Aufgabe des Menschen sei seine Höherentwicklung. Sie vollziehe sich in der Folge der verschiedenen Inkarnationen durch die Arbeit des Menschen selbst.

Demgegenüber ist daran festzuhalten, daß der Mensch seine Schuld vor Gott nicht selbst abarbeiten kann. Er ist und bleibt angewiesen auf die Vergebung, auf die stets neue liebende Annahme durch Gott. Diese Gabe Gottes und die daraus erwachsende Aufgabe kommen dem Menschen in diesem einen Erdenleben zu.

2. Anthroposophie behauptet, alles menschliche Geschick sei präjudiziert durch das Karma, durch ein Saldo aus positiven und negativen Gedanken und Werken in den vergangenen Inkarnationen.

Demgegenüber ist an der Freiheit des Christenmenschen festzuhalten, der von Gott täglich neu gemacht werden kann und in dessen Freiheit das Ja und das Nein zu Gottes Handeln an ihm liegt.

3. Anthroposophie behauptet die Ablösung des Jahwe-Gottes durch die Christuswesenheit: Wie der Mond von der Sonne sein Licht erhält, so erhält der Jahwe-Gott seine Kraft von dem Christus (der der Sonnengeist ist), so lange, bis dieser Sonnengeist selbst zum Erdengeist geworden ist (Mysterium von Golgatha).

Demgegenüber ist festzuhalten, daß das Verhältnis von Gott, dem Vater, dem Schöpfer und dem Sohn Jesus Christus nicht ein heilsgeschichtliches Nacheinander ist, sondern daß sie gemeinsam die Welt regieren und uns ihre Liebe zuwenden.

4. Anthroposophie behauptet die Trennung von Jesus und Christus als Hülle und Wesenskern. Jesus ist ein auf komplizierte Weise zusammengesetzter Leib, in den der Christus sich bei der Johannestaufe inkarniert. Die okkulte Vereinigung der ursprünglichen zwei Jesusknaben als der zwei Inkarnationen der vorchristlichen Religionsstifter Zarathustra und Buddha zeigt die Vereinigung dieser beiden Ströme und ihre Überbietung im Christentum an.

Demgegenüber ist festzuhalten, daß Jesus von Nazareth ein Mensch wie wir gewesen ist und zugleich auch der Christus, der Sohn Gottes. Definitionen, die das Verhältnis von Gott und Mensch in Jesus Christus bestimmen wollen, müssen vorläufig bleiben: Dieses Geheimnis Gottes läßt sich nur im Glauben fassen, nicht aber rational.

5. Anthroposophie reduziert das Heilshandeln Christi auf die kosmische Wende zwischen Abstieg des Geistigen in die Materie und seinen Wiederaufstieg in die geistige

Welt. Sie reduziert das gegenwärtige Handeln des Christus auf einen Impuls, der die Ich-Kräfte des Menschen für seine Erlösungsarbeit stärken kann.

Es ist zu begrüßen, daß in der Anthroposophie nicht nur der Mensch, sondern der ganze Kosmos im Blick ist. Jedoch ist festzuhalten an der Möglichkeit der täglichen Vergebung durch Gott – nicht nur an der Vergebung als Jahrtausende während Prozeß. Der einzelne erhält Anteil am Leben, Sterben und Auferstehen Jesu Christi in Wort und Sakrament. Dadurch wird dem Christen ein Leben in Hoffnung und Vertrauen auf eine Erlösung geschenkt, die im Jetzt beginnt und in ein Leben bei Gott einmündet.

6. Anthroposophie behauptet, ihr Reden von Gott, Christus usw. beruhe auf einer wissenschaftlichen Erkenntnis der höheren Welt. Diese Erkenntnis wird qualitativ über den Glauben gestellt.

Demgegenüber ist festzuhalten, daß alle Menschen allein auf den Glauben angewiesen sind. Er ist die einzige uns mögliche Form, Gott zu begegnen. Eine Einteilung in Wissende und Glaubende (wie einst in der Gnosis) ist abzulehnen.

7. Anthroposophie behauptet, eine neue Offenbarungsquelle zu besitzen: das „Fünfte Evangelium", das Steiner in den höheren Welten geschaut haben will. Von diesem Fünften Evangelium her werden die Schriften der Bibel ausgelegt.

Demgegenüber ist daran festzuhalten, daß die Glaubenszeugnisse des Alten und Neuen Testaments damals wie heute die gültigen Urkunden von der Begegnung Gottes mit seinem Volk sind, die durch die Glaubenserfahrungen von Christen bestätigt, aber nicht überholt werden können. Gegenüber aller subjektiven Spekulation über Gott und

Christus muß die Bibel – und müssen darin besonders die Worte von und über Jesus Christus – Maßstab christlichen Glaubens und Lebens bleiben.

8. Anthroposophie behauptet, allein mittels ihrer Erkenntnis könne die Bibel richtig verstanden werden. Dem eigenen Anspruch nach wird sie damit heilsnotwendig.

Demgegenüber ist festzuhalten, daß die Bibel auf vielfältige Weise ausgelegt und verstanden werden und nicht eine bestimmte Methode den Anspruch auf Alleingültigkeit erheben kann. In Anerkennung der eigenen Bedingtheit und im bescheidenen Hören auf den Text haben die verschiedenen Auslegungen miteinander in ein offenes Gespräch zu treten, um der Wahrheit, dem jeweils angemessenen Verständnis, näherzukommen.

9. Anthroposophie behauptet, die dritte Epoche des Christentums einzuleiten. Es ist abzulehnen, daß eine Weltanschauung sich selber eine solche heilsgeschichtliche Bedeutung zumessen kann.

Es ist daran festzuhalten, daß Christen in der Zeit vor der Wiederkunft ihres Herrn stehen, in einer Zeit, deren Dauer nicht bekannt ist und deren Epochen in die Zukunft hinein nicht eingeteilt werden können.

10. Anthroposophie behauptet, mit ihren Erkenntnissen den Glauben stützen zu können.

Demgegenüber ist festzustellen, daß Anthroposophie und christlicher Glaube zwei grundverschiedene Größen sind, deren zentrale Elemente sich nicht zur Deckung bringen lassen.

Literaturverzeichnis*

1. Schriften von Rudolf Steiner

Allgemeine Menschenkunde als Grundlage der Pädagogik (Erziehungskunst I), Dornach 1979 (Tb)

Aus der Akasha-Chronik, Dornach 1979 Tb (2. Auflage)

Aus der Akasha-Forschung. Das Fünfte Evangelium, Dornach 1975 (im Text zitiert als „Das Fünfte Evangelium")

Bibel und Weisheit, Dornach 1943

Christus und die geistige Welt. Von der Suche nach dem heiligen Gral, Dornach 1977

Das Christentum als mystische Tatsache und die Mysterien des Altertums, Dornach 1977 (Tb)

Das Johannes-Evangelium, Dornach 1981 (10. Aufl.)

Das Lukas-Evangelium, Dornach 1968 (6. Aufl.)

Das Matthäus-Evangelium, Dornach 1959 (4. Aufl.)

Das Wesen des Christus-Impulses und seines dienenden michaelischen Geistes, Dornach 1944

Das Wesen der Anthroposophie, Dornach 1943

Der Pfingstgedanke als Empfindungsgrundlage zum Begreifen des Karma, Dornach 1933

Der Sinn der Unsterblichkeit der Seele, Basel, o.J.

---

* Aufgenommen wurde nur die benutzte und zitierte Literatur. Weitere Literatur ist über den Buchhandel leicht zugänglich. Ausgenommen davon ist Teil 5: die frühen kritischen Stellungnahmen von Theologen sind nicht leicht auffindbar, daher werden hier auch Titel aufgeführt, die für dieses Buch nicht eingesehen wurden.

Die Geheimwissenschaft im Umriß, Dornach 1976, 11.-20. Tsd (Tb)

Die neue Geistigkeit und das Christus-Erlebnis des zwanzigsten Jahrhunderts, Dornach 1949

Die Philosophie der Freiheit, Dornach 1981, 46.-65. Tsd (Tb)

Die Rätsel der Philosophie in ihrer Geschichte als Umriß dargestellt, 2 Bde, Dornach 1974 (Tb)

Die Waldorfschule und ihr Geist, Stuttgart 1956

Die Welträtsel und die Anthroposophie, Dornach 1966

Durch den Geist zur Wirklichkeits-Erkenntnis der Menschenrätsel, 6 Bde., Dornach 1965/1966 (Aufsatzsammlung)

darin Bd. 2: Die Theosophie und das Geistesleben der Gegenwart, S. 13-20

Die übersinnliche Welt und ihre Erkenntnis, S. 21-32

Reinkarnation und Karma, vom Standpunkte der modernen Naturwissenschaft notwendige Vorstellungen, S. 33-58

Bd. 3: Wie Karma wirkt, S. 89-105

Christus und das 20. Jahrhundert, S. 121-151

Bd. 4: Buddha und Christus, S. 123-156

Bd. 5: Jesus oder Christus, S. 81-112

Die drei Schritte der Anthroposophie, S. 117-124

Erbsünde und Gnade, Dornach 1952

Ergebnisse der Geistesforschung, Dornach 1960 (Aufsatzsammlung) darin: Wie widerlegt man Geistesforschung? S. 9-45

Wie begründet man Geistesforschung? S. 46-83

Kosmologie, Religion und Philosophie, Dornach 1922

Mein Lebensgang, mit einem Nachwort herausgegeben von Marie Steiner, Dornach 1983 (Tb)

Theosophen, in: Das Magazin für Litteratur, 1897, Sp. 1066

Theosophie. Einführung in übersinnliche Welterkenntnis und Menschenbestimmung, Dornach 1980 (Tb)

Von Jesus zu Christus, Dornach 1958

Weihnachtsfeier, Dornach 1977

Wie erlangt man Erkenntnisse der höheren Welten, Dornach 1981, 73.-92. Tsd., (Tb)

Wie finde ich den Christus? Dornach, o.J.

Wie kann die Menschheit den Christus wiederfinden? Dornach 1979

2. Zitierte Literatur anderer anthroposophischer Autoren

Johannes Hemleben, Rudolf Steiner, Reinbek bei Hamburg, 1963 (Rowohlts Bildmonographien 79)

M.J. Krück v. Poturzyn (Hrsg.), Wir erlebten Rudolf Steiner. Erinnerungen seiner Schüler, Stuttgart 1980 (6. Aufl.)

darin: George Adams, Rudolf Steiner in England, S. 9-32

Emil Bock, Religiöse Erneuerung, S. 33-53

Herbert Hahn, Die Geburt der Waldorfschule aus den Impulsen der Dreigliederung, S. 70-100

Grete Kirchner-Bockholt, Die Erweiterung der Heilkunst, S. 101-115

Ernst Lehrs, Die neue Generation, S. 116-137

Karin Ruths-Hoffmann, Aus der Waldorfschülerschaft, S. 197-210

Hans Erhard Lauer, Die Anthroposophie und die Zukunft des Christentums, Stuttgart 1966

Rudolf Meyer, Rudolf Steiner. Anthroposophie: Herausforderung im 20. Jahrhundert, Stuttgart 1978 (4. Aufl.)

Karl König, Der 27. Februar 1861 als welthistorisches Datum, in: Mitteilungen aus der anthroposophischen Arbeit in Deutschland, 27, 1954

Walter Johannes Stein, Der Christus Jesus in der Lehre Rudolf Steiners, in: Die Drei, 1, 1921, S. 15-28

Gerhard Wehr, Rudolf Steiner. Wirklichkeit, Erkenntnis und Kulturimpuls, Freiburg 1982

3. Literatur zur Waldorfpädagogik

Caroline von Heydebrand und Ernst Uehli, Und Gott sprach . . . Biblisches Lesebuch für das 3. Schuljahr der Freien Waldorfschule, Stuttgart 1930 (seither viele Nachdrucke)

Martin Keller, Gedanken zur Satzung einer Freien Waldorfschule, in: Lehrerrundbrief 26 (1983, 1), S. 78-82

Christoph Lindenberg, Waldorfschulen: angstfrei lernen, selbstbewußt handeln. Praxis eines verkannten Schulmodells, Reinbek 1975 (seither zahlreiche Auflagen), rororo 6904

Mitteilungen für Eltern und Freunde der Freien Waldorfschule am Bodensee, Überlingen-Rengoldshausen

E.A. Karl Stockmeyer, Rudolf Steiners Lehrplan für die Waldorfschule. Versuch einer Zusammenschau seiner Angaben, Stuttgart 1976 (3. Aufl.)

Gerhard Wehr, Der pädagogische Impuls Rudolf Steiners. Theorie und Praxis der Waldorf-Pädagogik, München 1977 (Geist und Psyche 2180)

kritisch:

Traugott Kögler (s. u. unter 5.)

Wilhelm August Schulze (s. u. unter 5.)

4. Literatur der Christengemeinschaft

Emil Bock, Urchristentum I. Cäsaren und Apostel, Stuttgart 1937

ders., Was will die Christengemeinschaft, Stuttgart 1960

Rudolf Frieling, Die sieben Sakramente, Stuttgart 1926

Gottfried Husemann, Rudolf Steiner und die Begründung der Christengemeinschaft, in: Mitteilungen aus der anthroposophischen Arbeit in Deutschland, 22, 1952, S. 151-162

Kurt von Wistinghausen, Der neue Gottesdienst. Zur Einführung in die Menschenweihehandlung, Stuttgart 1960

ders., Das neue Bekenntnis. Wege zum Credo, Stuttgart 1963

ders., Die erneuerte Taufe, Stuttgart 1967

5. Literatur über Anthroposophie und Christengemeinschaft aus kirchlicher Sicht

5.1. Zitierte Literatur

Handbuch religiöse Gemeinschaften, hrsg. von H. Reller, im Auftrag der VELKD, Gütersloh 1978
darin: Anthroposophie, S. 502–529
Christengemeinschaft, S. 285–300

Hans Diether Reimer / Oswald Eggenberger (Hrsg.)
... neben den Kirchen, Konstanz 1980 (2. Aufl.)
darin: H.D. Reimer, Die Christengemeinschaft, S. 335–361

H. Rusche, E. Emmert, K. Frör, Kirche und Anthroposophie, München 1950

5.2. Weiterführende Literatur

Paul Althaus, Evangelischer Glaube und Anthroposophie, München 1949 (= Fragen der Gegenwart, 1)

Friedrich Wilhelm Bautz, Die Christengemeinschaft. Einschließlich Anthroposophie. Worte der Aufklärung und Abwehr, Gladbeck 1976 (2. Aufl.)

Paul Brückner, Über die Anthroposophie Rudolf Steiners, Elberfeld 1929

W. Bruhn, Theosophie und Anthroposophie, Leipzig 1921

Johannes Frohnmeyer, Die theosophische Bewegung – ihre Geschichte, Darstellung und Beurteilung, 1923 (2. Aufl.)

Götz Harbsmeier, Anthroposophie – eine moderne Gnosis, München 1957 (= Theologische Existenz heute, NF. Nr. 60)

J.-W. Hauer, Werden und Wesen der Anthroposophie. Eine Wertung und eine Kritik, Stuttgart 1922

Adolf Köberle, Der Bereich des Übersinnlichen, Hindernis oder Hilfe auf dem Weg zum Glauben, in: A.K., Universalismus der christlichen Botschaft, Darmstadt 1978, S. 145-156

Traugott Kögler, Anthroposophie und Waldorfpädagogik, Neuhausen/Stuttgart 1983

Max Kully, Die Wahrheit über die Theo-Anthroposophie als eine Kulturverfallserscheinung. Ein Beitrag zur Geschichte des Okkultismus der Gegenwart, speziell des Steinerismus, nebst Illustrationen, Basel 1926 (Selbstverlag)

Friso Melzer, Anthroposophie – oder Christus-Nachfolge, Institut für Jugend und Gesellschaft, Bensheim 1980 (Nachdruck)

234

Martin Mörike, Dr. Rudolf Steiner. Eine Anklage. Stuttgart
o.J. (ca. 1922)

Vera Pierott, Anthroposophie – eine Alternative? Neuhau-
sen/Stuttgart 1982 (= Telos Tb 335)

Hans-Jürgen Ruppert, Anthroposophie und ihre Praxis
heute, in: Materialdienst der Evangelischen Zentralstelle
für Weltanschauungsfragen, Nr. 11/12, 1982, S. 3-19

Wilhelm August Schulze, Die Pädagogik Rudolf Steiners,
Theologische Zeitschrift 19, 1963, S. 126-141

Klaus von Stieglitz, Die Christosophie Rudolf Steiners,
Witten 1955

ders., Rettung des Christentums? Anthroposophie und
Christengemeinschaft. Darstellung und Kritik, Stuttgart
1965

Notizen

Notizen

Notizen

bibel – kirche – gemeinde (bkg)

Sachinformationen im Taschenbuch, eine Auswahl

Band 1
Julius Roessle (Hrsg.)
Kleine Konkordanz
272 Seiten

Band 2
Kleines Bibellexikon
344 Seiten mit 90 Abbildungen und Karten

Band 3
Walter Uhsadel
Kleines Begriffslexikon
172 Seiten

Band 5
Gerhard Löffler (Hrsg.)
Liedkonkordanz
378 Seiten

Band 9
Edouard Urech
Lexikon christlicher Symbole
256 Seiten mit 150 Abbildungen

Band 12
Hans-Diether Reimer/Oswald Eggenberger
...neben den Kirchen
Gemeinschaften, die ihren Glauben auf besondere Weise leben wollen
415 Seiten

Band 16
Johann Maier/Peter Schäfer
Kleines Lexikon des Judentums
300 Seiten mit 32 Abbildungen

Band 18
Friedrich Thiele (Hrsg.)
Religiöse Feste der Juden, Christen und Moslems
Daten und Erläuterungen
53 Seiten

Band 19
Dietrich Mann
Das Neue Testament verstehen
Einführung, Auslegung und Hinführung zu einem lebendigen Glauben
430 Seiten

CHRISTLICHE VERLAGSANSTALT, 7750 KONSTANZ